Eduardo Galeano
Der Ball ist rund und Tore lauern überall

PHV

Eduardo Galeano

Der Ball ist rund und Tore lauern überall

*Aus dem uruguayischen Spanisch
von Lutz Kliche*

Peter Hammer Verlag

Originalausgabe: *El fútbol a sol y sombra*
Ediciones del Chanchito, Montevideo
Siglo Veintiuno de España Editores, SA, Madrid 1995

Die Deutsche Bibliothek · CIP-Einheitsaufnahme

Galeano, Eduardo:
Der Ball ist rund und Tore lauern überall / Eduardo Galeano.
[Aus dem Span. von Lutz Kliche]. · Wuppertal: Hammer 1997
  Einheitssacht.: El fútbol a sol y sombra <dt.>
  ISBN 3-87294-765-6

© Eduardo Galeano, 1995
© Peter Hammer Verlag GmbH, Wuppertal 1997
Umschlaggestaltung: Magdalene Krumbeck
Satz: Data System, Wuppertal
Druck: Clausen & Bosse, Leck

Die folgenden Seiten sind den Kindern gewidmet,
die mir einmal vor Jahren in Calella de la Costa über den
Weg liefen.
Sie kamen vom Fußballspielen und sangen:

Ob gewonnen, ob besiegt,
wir haben uns ganz arg vergnügt

Dieses Buch hat dem Enthusiasmus und der Geduld folgender Personen viel zu verdanken: *Pepe* Barrientos, *Manolo* Epelbaum, Ezequiel Fernández-Moores, Karl Hübener, Franklin Morales, Angel Ruocco und Klaus Schuster, die die Entwürfe lasen, die Fehler korrigierten und Ideen und wertvolle Informationen beisteuerten.

Von großer Hilfe war auch das kritische Auge meiner Frau, Helena Villagra, und das fußballerische Gedächtnis meines Vaters, *el Bebe* Hughes. Mein Sohn Claudio und verschiedene Freunde und die Freunde von Freunden gaben ihre Unterstützung, indem sie mir Bücher und Zeitungen schickten oder Sachfragen beantworteten: Hugo Alfaro, *Zé* Fernando Balbi, Chico Buarque, Nicolás Buenaventura Vidal, Manuel Cabieses, Jorge Consuegra, Pierre Charasse, Julián García-Candau, José González Ortega, *Pancho* Graells, Jens Lohmann, Daniel López D'Alesandro, Sixto Martínez, Juan Manuel Martín Medem, Gianni Minà, Dámaso Murúa, Felipe Nepomuceno, *el Migue* Nieto-Solís, Luis Niño, Luis Ocampos Alonso, Carlos Ossa, Norberto Pérez, Silvia Peyrou, Miguel Ángel Ramírez, Alastair Read, Affonso Romano de Sant'Anna, Rosa Salgado, Guiseppe Smorto und Jorge Valdano. Osvaldo Soriano beteiligte sich als Gastautor.

Ich sollte eigentlich sagen, daß sie alle am Ergebnis unschuldig sind, doch tatsächlich glaube ich, daß sie ziemlich viel Schuld tragen, weil sie sich in diesen Schlamassel haben hineinziehen lassen.

Geständnis des Autors

Wie alle männlichen Einwohner Uruguays wollte ich einmal Fußballer werden. Ich spielte phantastisch, einfach wunderbar, doch nur nachts, während ich schlief: Tagsüber war ich das schlimmste Holzbein der Bolzplätze meines Landes.

Auch als Fußballfan ließ ich viel zu wünschen übrig. Juan Alberto Schiaffino und Julio César Abbadie spielten bei »Peñarol«, dem Lokalgegner. Als richtiger Anhänger von »Nacional« tat ich mein möglichstes, sie ordentlich zu hassen. Doch baute *el Pepe* Schiaffino mit seinen meisterhaften Pässen das Spiel seiner Mannschaft so auf, als sähe er das Spielfeld vom höchsten Flutlichtmast aus, und *el Pardo* Abbadie schob den Ball traumhaft sicher die Seitenlinie entlang, lief dabei in Sieben-Meilen-Stiefeln und schlug Haken, ohne den Ball oder den Gegner auch nur zu berühren: Da blieb mir nichts anderes übrig, als sie zu bewundern, und manches Mal verspürte ich gar Lust, ihnen lautstark Beifall zu zollen.

Die Jahre sind vergangen, und ich habe gelernt, mich so zu akzeptieren, wie ich bin: Ich bin nicht mehr als ein Bettler um guten Fußball. So gehe ich durch die Welt, den Hut in der Hand, und in den Stadien bitte ich: »Nur einen schönen Spielzug, Gott vergelt's.«

Und wenn es wirklich guten Fußball gibt, dann danke ich für das Wunder, und es ist mir ganz egal, welcher Verein oder welches Land ihn mir bietet.

Der Fußball

Die Geschichte des Fußballs ist eine traurige Reise von der Lust zur Pflicht. In dem Maße, wie dieser Sport zur Industrie geworden ist, hat er immer mehr die Schönheit verbannt, die aus der reinen Freude am Spiel entsteht. In dieser Welt am Ende des Jahrhunderts verdammt der Profifußball alles, was nutzlos ist, und nutzlos ist, was nicht rentabel ist. Niemand kann daran verdienen, an dieser Verrücktheit, die den Mann wieder für eine Weile zum Kind werden und wie ein Kind mit dem Ball spielen läßt wie die Katze mit dem Wollknäuel: der Tänzer mit einem Ball, so leicht wie ein Ballon, der in die Luft steigt, oder mit dem Knäuel, das rollt, der spielt, ohne zu wissen, daß er spielt, ohne Grund und ohne Uhr und ohne Schiedsrichter.

Das Spiel ist zum Schauspiel geworden, mit wenigen Hauptdarstellern und vielen Zuschauern, Fußball zum Zuschauen, und das Schauspiel ist zu einem der besten Geschäfte der Welt geworden, das nicht stattfindet, damit gespielt wird, sondern um zu verhindern, daß gespielt wird. Die Technokraten des Profisports haben einen Fußball der Schnelligkeit und Kraft durchgesetzt, der auf die Freude verzichtet, die Phantasie verkümmern läßt und den Mut zum Risiko verbietet.

Zum Glück taucht auf den Plätzen, wenn auch nur selten, immer noch der eine oder andere Lausejunge auf, der das Drehbuch vergißt und die Frechheit hat, die ganze gegnerische Mannschaft auszudribbeln, dazu den Schiedsrichter und die Zuschauer auf der Tribüne, nur aus der reinen Freude am Körper, der sich ins verbotene Abenteuer der Freiheit stürzt.

Der Spieler

Keuchend rennt er an der Außenlinie entlang. Auf der einen Seite wartet der Himmel des Ruhms auf ihn; auf der anderen, der Abgrund der Vernichtung.

Im Viertel beneidet man ihn: Der Profispieler ist der Fabrik oder dem Büro entronnen, man bezahlt ihn noch dafür, daß er seinen Spaß hat, er hat das große Los gezogen. Zwar läuft der Schweiß wie aus einer Gießkanne und er darf nicht müde werden und auch keine Fehler begehen, doch steht er in der Zeitung und ist im Fernsehen zu bewundern, im Radio nennt man seinen Namen, die Frauen seufzen, wenn sie ihn hören, und die Kinder wollen so sein wie er. Doch er, der einmal aus Spaß am Spielen auf ungepflasterten Vorortstraßen mit dem Fußball angefangen hatte, spielt jetzt aus Verpflichtung in den Stadien, und er muß gewinnen, so oder so.

Die Unternehmer kaufen ihn, verkaufen ihn, verleihen ihn; und er, er läßt es geschehen, gegen das Versprechen von noch größerem Ruhm und noch mehr Geld. Je mehr Erfolg er hat und je mehr Geld er verdient, desto mehr wird er zum Gefangenen. Militärischer Disziplin unterworfen, erleidet er Tag für Tag die Strafe knochenharten Trainings und ein Bombardement aus Schmerzmitteln und Kortison, die den Schmerz vergessen machen und die Gesundheit zerstören. Und vor wichtigen Spielen sperrt man ihn in ein Konzentrationslager, wo er Zwangsarbeit leisten muß, seltsame Mahlzeiten einnimmt, sich mit Wasser betrinkt und allein schläft.

In anderen Berufen des Menschen kommt das Ende mit dem Alter, doch der Fußballspieler kann schon mit dreißig alt sein. Die Muskeln ermüden schnell:

»Der schießt kein Tor mehr, nicht mal, wenn er bergab spielt.«

»Der? Nicht mal, wenn man den Torwart fesselt!«

Oder schon bevor er dreißig wird, wenn ihn ein harter Ball bewußtlos schießt oder das Pech ihm einen Muskel zerreißt oder ein Tritt ihm einen Knochen bricht, einen von denen, die man nicht wieder hinkriegt. Und eines schlechten Tages merkt der Spieler dann, daß er sein Leben auf eine einzige Karte gesetzt hat und daß das Geld weg ist und der Ruhm auch. Der Ruhm, dieser eilige Herr, hat ihm nicht einmal einen tröstenden Brief hinterlassen.

Der Torwart

Man nennt ihn auch Torhüter, Torsteher, Tormann, Keeper oder dergleichen mehr, doch könnte er sich auch Märtyrer, Sträfling oder Watschenmann nennen lassen. Es heißt, wo er hintritt, da wächst kein Gras mehr. Er ist, einsam und allein, dazu verurteilt, dem Spiel von weitem zuzuschauen. Ohne die Torlinie verlassen zu können, wartet er einsam zwischen den Pfosten auf seine Erschießung. Früher trug er Schwarz, wie der Schiedsrichter. Heutzutage zieht sich der Schiedsrichter nicht mehr wie ein Rabe an, und auch der Torwart tröstet sich mit phantasievollen Farben über seine Einsamkeit hinweg.

Er schießt keine Tore, er ist dazu da, welche zu verhindern. Das Tor ist festlicher Höhepunkt des Fußballspiels: Der Torschütze produziert Freude, der Torhüter, der Spielverderber, macht sie kaputt.

Auf dem Rücken trägt er die Nummer Eins. Der Erste beim Kassieren? Der Erste beim Bezahlen. Der Torwart hat immer die Schuld. Und wenn er sie einmal nicht hat, zahlt er trotzdem die Zeche. Wenn irgendeiner der Spieler einen Strafstoß verschuldet, ist er der Bestrafte: Dort steht er dann, seinem Henker überlassen, vor dem riesigen, leeren Netz. Und wenn die Mannschaft einen schlechten Tag hat, bezahlt er die Rechnung und sühnt im Hagel der Bälle die Sünden anderer.

Die übrigen Spieler können mal hier, mal da einen groben Fehler begehen, doch waschen sie sich durch ein spektakuläres Dribbling, einen meisterhaft geschlagenen Paß, einen gut plazierten Schuß wieder rein: er dagegen nicht. Die Zuschauer verzeihen dem Torwart nichts. Ist er zu früh herausgelaufen? Hat er den Winkel nicht richtig verkürzt? Ist ihm der Ball durch die Finger geglitten? Hat er ihn nicht festhalten können? Mit einem einzigen Fehler verliert der Torwart ein Spiel oder gar die ganze Meisterschaft, und dann vergißt das Publikum auf einen Schlag alle seine tollkühnen Kunststücke von früher und stößt ihn in die ewige Verdammnis. Bis ans Ende seiner Tage soll ihn der Fluch verfolgen.

Der Star

Und eines schönen Tages küßt die Göttin des Windes den Fuß des Mannes, den mißhandelten, mißachteten Fuß, und aus diesem Kuß entsteht der Fußballstar. Seine Wiege steht in einem bescheidenen Heim, und er kommt mit einem Fußball unter dem Arm zur Welt.

Mit dem ersten Schritt, den er tut, kann er schon Fußball spielen. In jungen Jahren macht er die Wiesen der Umgebung unsicher, spielt, was das Zeug hält, jeden Tag auf den Straßen seines Ortes, bis es dunkel wird und man den Ball nicht mehr sieht, und wenn er dann heranwächst, bringt er die Stadien zum Rasen. Seine magischen Fähigkeiten bringen Tausende auf die Beine, Sonntag auf Sonntag, von Sieg zu Sieg, von Ovation zu Ovation.

Die Kugel aus Leder sehnt sich nach ihm, erkennt ihn, braucht ihn. An der Brust seines Fußes ruht sie aus und wiegt sich in den Schlaf. Er bringt sie zum Glänzen und läßt sie sprechen, und in diesem trauten Zwiegespräch sprechen Millionen andere mit. Die Namenlosen, die, die dazu verdammt sind, für immer namenlos zu bleiben, können sich endlich einmal für eine Weile als jemand fühlen, dank dieser millimetergenau geschossenen Pässe, dieser Zick-Zack-Dribblings, dieser Absatzkick- oder Fallrückziehertore: Wenn er spielt, hat die Mannschaft zwölf Spieler.

»Zwölf? Fünfzehn hat sie! Zwanzig!«

Die Lederkugel lacht keck in der Luft. Er holt sie zu sich, streichelt sie, schmeichelt ihr, tanzt mit ihr, und wenn sie diese nie dagewesenen Zaubereien beobachten, dann bekommen seine Bewunderer Mitleid mit ihren noch nicht geborenen Enkelkindern, die dies alles niemals werden sehen können.

Doch ist der Star nur Star für eine kleine Weile, eine Ewigkeit für den Menschen vielleicht, doch in Wirklichkeit nur ein flüchtiger Augenblick; und wenn der Goldfuß zum Klumpfuß wird, dann hat der Star den Weg der Sternschnuppe vom Aufblitzen zum Verglühen beendet. Jetzt trägt dieser Körper mehr Flicken als ein Clownskostüm, und der, der einst ein Akrobat gewesen, ist jetzt eine lahme Ente, der Künstler ein Idiot:

»Hat der denn Scheiße an den Füßen?«

Die Quelle des Glücks der Massen wird zum Blitzableiter ihres Zorns:

»Du Flasche!«

Manchmal bleibt der Star, der Stern, nicht ganz, wenn er vom Himmel fällt. Und manchmal, wenn er zerbricht, verschlingt die Menge seine Stücke.

Der Fußballfan

Einmal pro Woche flieht der Fußballfan aus seinem Haus und geht ins Stadion.

Es wehen die Fahnen, es lärmen die Rasseln, knallen die Raketen, dröhnen die Trommeln, regnen die Papierschlangen und das Konfetti: Die Stadt verschwindet, das tägliche Einerlei ist vergessen, nur dieser Tempel existiert noch. In diesem heiligen Hain huldigt die einzige Religion, die keine Atheisten kennt, ihren Göttern. Obwohl der Fußballfan dem Spektakel viel bequemer am Bildschirm beiwohnen könnte, zieht er es vor, zu diesem Ort zu pilgern, wo er seine Engel in Fleisch und Blut sehen kann, wie sie sich mit den Teufeln dieser Woche schlagen.

Hier schwingt der Fußballfan sein Tuch, schluckt Spucke – *würg* – und Gift herunter, ißt seine Mütze, flüstert Beschwörungen und Flüche, bricht plötzlich in Jubel aus, springt wie ein Floh in die Höhe und umarmt den Unbekannten, der mit ihm an seiner Seite »Toooor!« schreit. Solange die heidnische Messe andauert, ist der Fußballfan die Menge. Mit Tausenden von Gläubigen teilt er die Gewißheit, daß wir die

Besseren sind, alle Schiedsrichter sind Verräter, alle Gegner sind Betrüger.

Selten einmal sagt der Fußballfan: »Heute spielt meine Mannschaft.« Vielmehr sagt er: »Heute spielen wir.« Dieser *Spieler mit der Nummer Zwölf* weiß sehr gut, daß er es ist, der den Wind bläst, der den Ball treibt, wenn er einzuschlafen droht, genau wie die anderen elf Spieler wissen, daß ohne Fans zu spielen ist wie tanzen ohne Musik.

Wenn das Spiel vorüber ist, dann feiert der Fan, der sich nicht von der Tribüne gerührt hat, *seinen* Sieg, *denen haben wir ein paar Dinger verpaßt, denen haben wir ordentlich eingeheizt,* oder er beweint *seine* Niederlage, *wir sind wieder betrogen worden, so ein Betrüger von einem Schiedsrichter.* Und dann geht die Sonne unter, und der Fan geht nach Hause. Schatten fallen auf das Stadion, das sich langsam leert. Auf den Rängen aus Zement brennen hier und da flackernd ein paar Feuer, während die Lichter ausgehen und die Lautsprecher verstummen. Das Stadion liegt wieder einsam da, und auch der Fußballfan kehrt zu seiner Einsamkeit zurück, ich, der ein Wir gewesen ist: Die Fans gehen, zerstreuen sich, verlieren sich, und der Samstag oder Sonntag wird so melancholisch wie ein Aschermittwoch, wenn der Karneval vorüber ist.

Der Fußballrowdy

Der Fußballrowdy ist der Fußballfan im Irrenhaus. Die Unsitte, die Wirklichkeit zu ignorieren, hat endgültig die Vernunft und ihre Verwandten über Bord gehen lassen, und die Überreste dieses Schiffbruchs treiben im brodelnden Wasser, das die Wut unaufhörlich aufwühlt.

Der Fußballrowdy kommt eingewickelt in die Fahne seiner Mannschaft ins Stadion, das Gesicht in den Farben des heißgeliebten Trikots bemalt und ausgerüstet mit allen möglichen Klang- oder Schlaginstrumenten, und schon auf dem Weg macht er eine Menge Krach und Ärger. Er kommt nie allein. Im drohenden Trupp, dem gefährlichen Tausendfüßler, wird der Erniedrigte zum Erniedriger und der Furchtsame zum Gefürchteten. Die Allmacht des Sonntags entlohnt für das folgsame Leben der restlichen Woche, das Bett ohne Lust, die Arbeit ohne Spaß oder die Arbeitslosigkeit: Befreit für einen Tag, hat der Rowdy viel zu rächen.

Im Zustand der Epilepsie sieht er dem Spiel zu, doch er sieht es gar nicht wirklich. Seine Sache ist die Tribüne. Dort ist sein Schlachtfeld. Daß überhaupt Anhänger der anderen Mannschaft da sind, ist schon eine unerträgliche Provokation. Das Gute ist an sich nicht gewalttätig, doch das Böse zwingt es dazu. Der Feind, der immer schuld ist, verdient es, daß man ihm den Hals umdreht. Der Fußballrowdy darf sich nicht ablenken lassen, denn der Feind lauert überall. Er steckt auch im schweigenden Zuschauer, der jeden Augenblick meinen könnte, daß der Gegner gut spielt, und dann bekommt auch er sein Fett.

Das Tor

Das Tor ist der Orgasmus des Fußballs. Wie der Orgasmus, so wird auch das Tor in der modernen Gesellschaft immer seltener.

Vor fünfzig Jahren kam es kaum vor, daß ein Spiel ohne Tore endete: 0 zu 0, zwei offene Münder, zweimal Gähnen. Heutzutage kleben die elf Spieler das ganze Spiel über an der Querlatte, verbringen die Zeit damit, Tore zu verhindern und kommen kaum noch dazu, welche zu schießen.

Der Jubel, der jedesmal ausbricht, wenn das lederne Rund im Netz hängt, mag seltsam oder verrückt erscheinen, doch muß man daran denken, daß das Wunder selten genug geschieht. Das Tor, auch wenn es nur ein ganz kleines ist, wird immer zum »Tooooooooor!« in der Kehle der Radiokommentatoren, ein tiefes »C«, das einen Caruso für immer zum Verstummen bringen könnte, und die Menge tobt und das Stadion vergißt, daß es aus Beton ist, und löst sich vom Boden und geht in die Luft.

Der Schiedsrichter

Am Schiedsrichter scheiden sich immer die Geister. Er ist der abscheuliche Tyrann, dessen Diktatur keine Opposition kennt, und der hochmütige Henker, der seine Schreckensherrschaft mit Operettengesten ausübt. Die Pfeife im Mund, bläst der Schiedsrichter die Willkürwinde des Schicksals und gewährt oder annulliert Tore. Die Karte in der Hand, hebt er die Farben der Verdammnis; die gelbe straft den Sünder und zwingt ihn, Buße zu tun, die rote verweist ihn ins Exil.

Die Linienrichter, die zwar helfen, doch nicht befehlen können, schauen von draußen zu. Nur der Schiedsrichter darf aufs Spielfeld; und völlig zu recht bekreuzigt er sich vor dem Einlaufen, kaum daß er der brüllenden Menge gewahr wird. Es ist sein Job, sich verhaßt zu machen. Einzige Einstimmigkeit beim Fußball: Alle hassen ihn. Immer pfeift man ihn aus, niemals zollt man ihm Beifall.

Niemand läuft mehr als er. Er ist der Einzige, der immerzu rennen muß. Er galoppiert die ganze Zeit, rackert sich ab wie ein Ackergaul, dieser Eindringling, der da rastlos unter den zweiundzwanzig Spielern umherkeucht; und als Entschädigung für soviel Opferbereitschaft fordert die Menge johlend seinen Kopf. Von Anfang bis Ende jedes Spiels ist der Schiedsrichter dazu gezwungen, in Strömen schwitzend dem weißen Ball zu folgen, der zwischen den Beinen der anderen hin- und herläuft. Man kann sehen, daß er gern selbst mit ihm spielen möchte, doch ist ihm diese Gnade auf ewig verwehrt. Trifft ihn der Ball einmal aus Versehen, dann verwünscht ihn die Menge. Und dennoch erträgt er, um dort zu sein, auf diesem heiligen, grünen Rasen, wo der Ball rollt und fliegt, geduldig Beschimpfungen, Buh-Rufe, Steinwürfe und Flüche.

Nur manchmal, sehr selten, entspricht eine Entscheidung des Schiedsrichters dem Willen der Fans, doch nicht einmal damit kann er seine Unschuld beweisen. Zur Rechtfertigung aller Fehler, Erklärung allen Unglücks müßten die Fans ihn erfinden, wenn es ihn nicht schon gäbe. Je mehr sie ihn hassen, desto mehr brauchen sie ihn auch.

Mehr als ein Jahrhundert lang trug der Schiedsrichter Trauer. Um wen? Um sich selbst. Heute versucht er, mit Farbe über sein Schicksal hinwegzutäuschen.

Der technische Direktor

Früher gab es den Trainer, und niemand schenkte ihm groß Beachtung. Der Trainer starb still dahin, als das Spiel aufhörte, Spiel zu sein, und der Profi-Fußball eine Technokratie der Ordnung brauchte. Da wurde der technische Direktor geboren, mit dem Auftrag, jegliches Improvisieren zu verhindern, die Freiheit unter Kontrolle zu bringen, und die Spieler zu Höchstleistungen zu steigern, sie dazu zu zwingen, disziplinierte Athleten zu werden.

Der Trainer sagte:
»Wir wollen spielen.«
Der technische Direktor sagt:
»Wir wollen arbeiten.«

Jetzt wird in Zahlen gesprochen. Die Reise vom Wagnis zur Angst, Geschichte des Fußballs im 20. Jahrhundert, ist der Weg vom 2-3-5 zum 5-4-1, über das 4-3-3 und das 4-4-2. Jeder gewöhnliche Sterbliche vermag das noch mit ein wenig Hilfe zu übersetzen, doch danach weiß niemand mehr weiter. Von da an entwickelt der technische Direktor Formeln, die so geheimnisvoll sind wie die unbefleckte Empfängnis von Jesus Christus, und er erarbeitet damit taktische Schablonen, so schwer verständlich wie die Heilige Dreieinigkeit.

Von der althergebrachten Tafel zum elektronischen Bildschirm: Jetzt werden meisterhafte Spielzüge am Computer entworfen und auf Video gezeigt. Solche Perfektion sieht man hinterher nur selten in den Spielen, die das Fernsehen überträgt. Das Fernsehen zeigt lieber die Spannung im Gesicht des technischen Direktors und wie er sich in die Faust beißt oder Anweisungen brüllt, die dem Spiel die Wendung geben könnten, verstünde sie nur jemand.

Die Reporter belagern ihn in der Pressekonferenz nach dem Spiel. Der technische Direktor verrät nie das Geheimnis seiner Siege, formuliert jedoch bewundernswerte Erklärungen seiner Niederlagen:

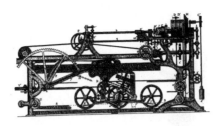

»Die Anweisungen waren sonnenklar, doch sind sie nicht beachtet worden«, meint er, wenn die Mannschaft haushoch gegen einen drittklassigen Gegner verliert. Oder er bekräftigt sein Selbstvertrauen, indem er ungefähr so in der dritten Person von sich selber spricht: »Die erlittenen Rückschläge können das Erreichen einer Klarheit im Konzept nicht verhindern, das der technische Direktor als Synthese vieler Opfer entwickelt hat, die nötig sein werden, um Resultate zu zeigen.«

Das Räderwerk dieses Spektakels macht alles kurz und klein, nichts ist von langer Dauer, und der technische Direktor ist so kurzlebig wie jedes andere Produkt der Konsumgesellschaft. Heute mag das Publikum noch rufen:

»Du sollst niemals sterben!«

Und am nächsten Wochenende lädt es ihn schon ein, möglichst schnell ins Gras zu beißen.

Er glaubt daran, daß der Fußball eine Wissenschaft und das Spielfeld ein Labor ist, doch die Vorstände und die Fans verlangen von ihm nicht nur das Genie Einsteins und die Einfühlsamkeit Freuds, sondern auch die Fähigkeit, Wunder zu tun wie die Jungfrau von Lourdes, und Ausdauer zu beweisen wie Gandhi.

Das Theater

Die Spieler nehmen mit ihren Beinen an einer Aufführung teil, die für ein Publikum von Tausenden oder Millionen Anhängern bestimmt ist, das ihr, auf der Tribüne oder zuhause am Bildschirm, gespannt folgt. Wer schreibt das Stück? Der technische Direktor? Das Stück verspottet den Autor. Sein Lauf folgt der Stimmung und der Fähigkeit der Darsteller und hängt letztlich vom Glück ab, das sich wie der Wind dreht, wie es will. Deshalb ist der Ausgang immer ein Geheimnis, für die Zuschauer und auch für die Darsteller, außer in Fällen von Bestechung oder irgendeiner anderen Fügung des Schicksals.

Wieviele Theater stecken im großen Theater Fußball? Wieviele Bühnen haben Platz auf dem viereckigen grünen Rasen? Nicht alle Spieler spielen nur mit ihren Beinen.

Da gibt es Darsteller, die sind wahre Meister in der Kunst, ihren Nächsten zu quälen: Der Spieler setzt sich die Maske des Heiligen auf, der nicht in der Lage ist, auch nur einer Fliege etwas zuleide zu tun, und so bespuckt, beleidigt, stößt er den Gegner, gibt ihm einen gezielten Schlag gegen das Kinn, haut ihm den Ellenbogen in die Rippen, zieht ihn am Haar oder am Trikot, tritt ihm auf den Fuß, wenn er neben ihm steht, oder auf die Hand, wenn der andere am Boden liegt, und all dies tut er hinter dem Rücken des Schiedsrichters und während der Linienrichter interessiert die vorüberziehenden Wolken beobachtet.

Da gibt es Darsteller, die sind Vorbilder in der Kunst, sich Vorteil zu verschaffen: der Spieler setzt sich die Maske des armen Teufels auf, der etwas dümmlich scheint, aber eigentlich ein rechter Vollidiot ist, und dann nutzt er die Nachsicht des Schiedsrichters und führt den Freistoß oder den Einwurf meilenweit entfernt von dem Punkt aus, auf den der Schiedsrichter gewiesen hat. Und wenn er mit den anderen eine Mauer bilden muß, dann rutscht er ganz, ganz langsam und ohne auch nur einen Fuß zu heben vorwärts, bis ihn der fliegende Zauberteppich fast auf dem Spieler absetzt, der den Ball treten soll.

Da gibt es Spieler, die sind unübertrefflich in der Kunst, Zeit zu schinden: Der Spieler setzt sich die Maske des Märtyrers auf, der gerade gekreuzigt worden ist, und wälzt sich leidend auf dem Rasen, hält sich den Kopf oder das Knie und bleibt am Boden liegen. Die Minuten verstreichen. Im Schildkrötentempo kommt endlich der Masseur mit seinen heilenden Händen, dick und schwitzend und nach Liniment riechend, das Handtuch um den Hals, die Wasserflasche in der einen Hand und irgendein unfehlbares Wundermittel in der anderen. Und so vergehen die Stunden und die Jahre, bis der Schiedsrichter diesen Leichnam vom Platz tragen läßt. Und da macht der Spieler ganz plötzlich einen Satz, Plopp, und es geschieht das Wunder der Auferstehung.

Die Spezialisten

Vor dem Spiel formulieren die Reporter bange Fragen: »Bereit zum Sieg?«
Und erhalten erstaunliche Antworten:
»Wir werden unser möglichstes tun, um zu gewinnen.«
Dann haben die Sprecher das Wort. Die im Fernsehen begleiten die Bilder, doch sie wissen genau, daß sie es nicht mit ihnen aufnehmen können. Die im Radio hingegen sind nichts für Herzkranke: Diese Meister der Spannung laufen mehr als die Spieler und mehr noch als der Ball selbst und kommentieren in schwindelerregendem Rhythmus ein Spiel, das für gewöhnlich nicht allzuviel mit dem zu tun hat, das man sieht. In diesem Wasserfall aus Worten streift ein Ball die Querlatte, den man eher die Wolken streifen sieht, und es herrscht höchste Gefahr vor dem Tor, in dem eine Spinne von Pfosten zu Pfosten ihr Netz webt, während der Torhüter ausgiebig gähnt.

Wenn im Betonrund die erregende Partie zu Ende geht, kommt die Stunde der Kommentatoren. Zuvor haben sie nur ab und zu das Spiel unterbrochen, um den Spielern zu sagen, was sie tun sollten, doch haben die sie gar nicht hören können, denn sie waren zu beschäftigt damit, Fehler zu machen. Diese Ideologen des WM gegen MW, was dasselbe ist, nur rückwärts, gebrauchen mit wissenschaftlichem Sachverstand eine Sprache, die sich zwischen Kriegspropaganda und lyrischer Ekstase bewegt. Und sie sprechen von sich immer im Plural, weil sie so viele sind.

Die Sprache der Fußballprofessoren

Nun wollen wir einmal unsere Gesichtspunkte zusammenfassen und in einer ersten Annäherung die taktische, technische und physische Problematik des Spiels formulieren, das heute auf dem Rasen des 1. FC »Gemeinsam werden wir siegen« ausgetragen worden ist, ohne uns dabei in Vereinfachungen zu ergehen, die unvereinbar sind mit einem Thema, das ohne Zweifel genaue und detaillierte Analysen von uns fordert, und auch ohne Zweideutigkeiten Raum zu geben, die unserem Anliegen in einem langen Leben im Dienste des Sports fremd waren, sind und immer sein werden.

Es wäre ja nur zu einfach, uns aus der Verantwortung zu stehlen, indem wir die Niederlage unserer Elf auf die zurückhaltende Darbietung ihrer Spieler zurückführten, doch rechtfertigt die außerordentliche Langsamkeit, die sie heute zweifellos bei jedem Konter gezeigt haben, auf gar keine Weise, man verstehe mich recht, meine Damen und Herren, *auf gar keine Weise* eine solche verallgemeinernde und deshalb ungerechte Herabwürdigung. Nein, nein und nochmals nein. Es ist nicht unsere Art, allen nach dem Munde zu reden, das wissen all diejenigen nur zu gut, die über die Jahre hinweg unsere Arbeit verfolgt haben, hier in unserem eigenen Land und auch auf der internationalen Bühne des Sports, überall da, wo wir gerufen wurden, unseren bescheidenen Beitrag zu leisten. Und so wollen wir es ganz deutlich sagen, so, wie es unsere Art ist: Die vielfältigen Möglichkeiten des spielerischen Schemas dieser kampfstarken Mannschaft sind deshalb nicht von Erfolg gekrönt worden, weil diese schlicht und einfach nicht in der Lage gewesen ist, die geplante Offensivtaktik gegen den gegnerischen Abwehrriegel stärker zum Tragen zu bringen. Das haben wir schon am vergangenen Wochenende so gesagt und wiederholen es auch heute, erhobenen Hauptes und ohne falsche Zurückhaltung, denn wir haben die Dinge immer beim Namen genannt und werden auch weiterhin die Wahrheit verkünden, auch wenn manchem das nicht gefallen mag, komme, was wolle, und koste es, was es wolle.

Der getanzte Krieg

Im Fußball, ritualisierte Sublimierung des Krieges, kämpfen elf Männer in kurzen Hosen als das Schwert ihres Viertels, ihrer Stadt oder ihres Landes. Diese Krieger ohne Waffen noch Rüstung treiben der Menge die bösen Geister aus und bestärken ihren Glauben: Bei jedem Zusammentreffen zweier Mannschaften werden alter Haß und alte Liebe ins Feld geführt, von den Vätern auf die Söhne übertragen.

Das Stadion hat Türme und Standarten, wie eine Burg, und einen breiten, tiefen Graben rund ums Spielfeld. Durch dessen Mitte verläuft eine weiße Linie, die das Kampfgebiet absteckt. Auf jeder der beiden Seiten stehen die Tore, die unter Ballbeschuß genommen werden sollen. Der Bereich vor den Toren wird auch *Gefahrenzone* genannt.

Im Mittelkreis tauschen die Mannschaftskapitäne Wimpel und Begrüßungen aus, wie es das Ritual vorschreibt. Dann ertönt der Pfiff des Schiedsrichters, und der Ball, auch er pfeifender Windstoß, setzt sich in Bewegung. Der Ball fliegt hin und her, und ein Spieler erwischt ihn und nimmt ihn ein gutes Stück mit, bis er nach allen Regeln der Kunst umgerempelt wird und mit schmerzverzerrtem Gesicht zu Boden geht. Das Opfer steht nicht wieder auf. In der Unendlichkeit des grünen Rasens liegt der Spieler. Aus der Unendlichkeit der Tribüne erschallen die Stimmen. Die feindlichen Fans brüllen mitfühlend:

»Mach ihn nieder!«
»Que se muera!«
»Devi morire!«
»Tuez-le!«
»Let him die!«
»Kill! Kill! Kill!«

Die Sprache des Krieges

Mit einer geschickten taktischen Variante der vorher abgesteckten Strategie stürzte sich unsere Mannschaft in einem Überraschungsangriff auf den Gegner. Es war ein vernichtender Schlag. Als die Kämpfer der Heimmannschaft ins gegnerische Territorium eingedrungen waren, schlug unser Stürmer eine Bresche in den schwächsten Flügel der Abwehrmauer und drang in die Gefahrenzone ein. Dort wartete der Schütze auf sein Geschoß, brachte sich durch ein geschicktes Manöver in Schußposition, bereitete den Abschuß vor und schloß den Konterschlag mit einer Bombe ab, die den Torwart wegputzte. Besiegt fiel der Hüter dieser Bastion, die so unüberwindlich aussah, auf die Knie und schlug die Hände vors Gesicht, während der Schütze, der ihn gerichtet hatte, die Arme in die Luft riß und die Menge ihm zujubelte.

Der Gegner trat nun zwar nicht den Rückzug an, doch konnte sein Sturm die heimischen Verteidigungslinien nicht in

Schrecken versetzen, und so wurden sie wieder und wieder von unserer gut gewappneten Abwehr zurückgeschlagen. Seine Schützen schossen mit nassem Pulver, und die Unerbittlichkeit unserer Gladiatoren, die wie die Löwen kämpften, verurteilte sie zur Machtlosigkeit. Da griff der Gegner, verzweifelt angesichts der unvermeidlichen Niederlage, ins Arsenal der Gewalt und besudelte das Spielfeld mit Blut, als wäre es ein Schlachtfeld. Als zwei der Unseren außer Gefecht gesetzt wurden, forderte das Publikum die höchste Strafe, doch vergebens, und so gingen die Grausamkeiten weiter, die eher einem Krieg gegen uns glichen und der Fairnessregeln des noblen Sportes Fußball zuwiderlaufen.

Als der blinde und taube Schiedsrichter endlich das Duell für beendet erklärte, verabschiedete ein Pfeifkonzert den Gegner. Er hatte es sich redlich verdient. Und dann stürmte das Volk im Siegestaumel auf das Spielfeld und hob die elf Helden dieses historischen Ereignisses auf seine Schultern, dieser Großtat, dieses kühnen Sieges, der uns soviel Blut, Schweiß und Tränen gekostet hat. Und unser Spielführer hob, in die Fahne unseres Vaterlandes gehüllt, die nie wieder besudelt werden soll, die Trophäe in die Höhe und küßte den großen, silbernen Pokal. Es war der Kuß des Ruhmes!

Das Stadion

Sind Sie schon jemals in einem leeren Stadion gewesen? Machen Sie einmal die Probe. Stellen Sie sich mitten auf den Platz und lauschen Sie genau. Es gibt nichts volleres als ein leeres Stadion. Es gibt nichts lauteres als die Ränge, auf denen niemand steht.

In Wembley erschallt immer noch der Jubel von der Weltmeisterschaft 1966, die England gewann, doch wenn Sie gut die Ohren spitzen, dann können Sie ganz leise ein Wimmern hören, das aus dem Jahre 1953 herrührt, als die Ungarn die englische Mannschaft haushoch schlugen. Das Centenario-Stadion von Montevideo seufzt voller Nostalgie über den verblaßten Ruhm des uruguayischen Fußballs, Maracaná beweint immer noch die Niederlage Brasiliens in der Weltmeisterschaft 1950. In der Bombonera von Buenos Aires rasseln die Trommeln von vor fünfzig Jahren. Aus der Tiefe des Azteca-Stadions in Mexiko hallen die feierlichen Gesänge des alten mexikanischen Ballspiels wider. Der Beton des Camp Nou in Barcelona spricht katalanisch, und *euskera*, baskisch, sprechen die Ränge von San Mamés in Bilbao. In Mailand schießt der Geist von Guiseppe Meazza Tore, die das Stadion, das seinen Namen trägt, vor Begeisterung erzittern lassen. Das Endspiel der Weltmeisterschaft 1974, das Deutschland gewann, wird Tag für Tag und Abend für Abend im Olympiastadion von München neu ausgetragen. Das Stadion von König Fahd in Saudi-Arabien hat eine Ehrenloge aus Marmor und Gold und mit Teppichen ausgelegte Ränge, doch hat es weder Erinnerung, noch Großes zu erzählen.

Der Ball

Er war aus Leder und mit Bast ausgestopft, der Ball der Chinesen. Die Ägypter zur Zeit der Pharaonen machten ihn aus Stroh und Getreidespreu, das sie in bunte Tücher wickelten. Die Griechen und die alten Römer nahmen eine Ochsenblase, die aufgeblasen und vernäht wurde. Die Europäer des Mittelalters und der Renaissance stritten um einen eiförmigen Ball, der mit Roßhaar gefüllt war. In Amerika, wo man ihn aus Kautschuk formte, konnte der Ball springen wie nirgendwo sonst. Die Chronisten des spanischen Hofes berichten, Hernán Cortés habe einen mexikanischen Ball springen und in große Höhe fliegen lassen, und dem Kaiser Karl seien Augen und Ohren offenstehen geblieben.

Die Gummiblase, mit Luft gefüllt und in Leder gehüllt, entstand Mitte des vergangenen Jahrhunderts, dank des Erfindungsgeistes von Charles Goodyear, eines Nordamerikaners aus Connecticut. Und dank des Erfindungsreichtums von Tossolini, Valbonesi und Polo, dreier Argentinier aus Córdoba, entstand, viel später erst, der Ball ohne Netzhülle. Sie erfanden die Blase mit Ventil, die man mit der Pumpe aufblasen konnte, und seit der Weltmeisterschaft 1938 war es dann möglich zu köpfen, ohne sich am Netz weh zu tun, das vorher den Ball zusammengehalten hatte.

Bis Mitte dieses Jahrhunderts war der Ball braun. Später wurde er weiß. Heutzutage gibt es verschiedene Modelle, schwarze Muster auf weißem Grund. Heute mißt sein Umfang sechzig Zentimeter, und er besteht aus Poliuretan auf Polyäthylenschaum-Basis. Er ist wasserdicht, wiegt weniger als ein halbes Kilo und fliegt schneller als der alte Ball aus Leder, der bei Regen nicht mehr zu spielen war.

Man hat ihm viele Namen gegeben: die Kugel, das Leder, die Pille, das Geschoß. In Brasilien hingegen zweifelt niemand daran, daß der Ball eine Frau und weiblichen Geschlechtes ist. Die Brasilianer sagen »kleine Dicke«, *gorduchinha*, oder auch einfach nur »meine Kleine«, *menina*, und geben ihr Namen wie Maricota, Leonor oder Margarita.

Pelé gab ihr im Maracaná-Stadion einen Kuß, als er sein tausendstes Tor schoß, und Di Stéfano errichtete ihr am Eingang seines Hauses ein Denkmal, ein Bronzeball, darunter eine Tafel mit der Inschrift: »Danke, Süße.«

Sie ist treu. Im Endspiel der Weltmeisterschaft 1930 forderten beide Mannschaften, daß mit ihrem Ball gespielt würde. Weise wie Salomo bestimmte der Schiedsrichter, daß in der 1. Halbzeit mit dem argentinischen Ball gespielt werden sollte und in der 2. Halbzeit mit dem Ball aus Uruguay. Argentinien gewann die 1. Halbzeit, Uruguay die 2. Doch hat die lederne Kugel auch ihre Eigenheiten, und manchmal fliegt sie nicht ins Tor, weil sie in der Luft ihre Meinung und die Richtung ändert. Sie ist einfach leicht zu verärgern und kann es überhaupt nicht vertragen, wenn sie mit Fußtritten traktiert wird oder man aus Rache nach ihr tritt. Sie verlangt, daß man sie streichelt, daß man sie küßt, daß man sie an der Brust oder am Fuß einlullt. Sie ist sehr stolz, vielleicht sogar eitel, und sie hat auch alles Recht dazu: Nur zu gut weiß sie, wieviel Freude sie bereitet, wenn sie elegant daherkommt, und wieviele Herzen erstarren, wenn sie falsch fliegt.

Chinesischer Stich aus der Ming-Dynastie. Er stammt aus dem 15. Jahrhundert, doch der Ball scheint von »adidas« gemacht zu sein.

Die Ursprünge

Im Fußball, wie in fast allem anderen auch, waren die Chinesen die Ersten. Vor fünftausend Jahren ließen die chinesischen Akrobaten den Ball mit den Füßen tanzen, und es war in China, wo später die ersten richtigen Spiele ausgetragen wurden. Das Tor stand in der Mitte des Spielfelds, und die Spieler verhinderten, ohne die Hände zu benutzen, daß der Ball den Boden berührte. Von Dynastie zu Dynastie wurde der Brauch weitergegeben, wie auf einigen Reliefs an Bauwerken aus der Zeit vor Christi Geburt zu sehen ist, und auch auf einigen späteren Stichen, die die Chinesen aus der Zeit der Ming-Dynastie beim Spiel mit einem Ball zeigen, der von »adidas« gemacht sein könnte.

Es ist bekannt, daß in alten Zeiten die Ägypter und die Japaner sich am Ballspiel freuten. Auf dem Marmor eines griechischen Grabes aus dem 5. Jahrhundert vor Christus wird ein Mann gezeigt, der mit seinem Knie einen Ball treibt. In den Komödien von Antifones lassen sich erhellende Bemerkungen finden: langer Ball, kurzer Paß, Ballvorlage ... es heißt, Kaiser Julius Cäsar sei mit beiden Beinen ziemlich gut gewesen, und daß Nero kein guter Torschütze war: Auf jeden Fall kann kein Zweifel daran bestehen, daß die Römer etwas spielten, was dem Fußball schon sehr nahe kam, als Jesus und seine Anhänger am Kreuze starben.

An den Füßen der römischen Legionäre gelangte der Fußball auf die britischen Inseln. Jahrhunderte später, im Jahre 1314, drückte König Edward II. sein Siegel unter eine königliche Bulle, die dieses niedere und Aufruhr stiftende Spiel verdammte, »diese Scharmützel um einen Ball von ansehnlicher Größe, die viel Übel verursachen, vor denen uns der allmächtige Gott bewahren möge«. Der Fußball, der damals auch schon so genannt wurde, ließ eine Menge Opfer zurück. Man spielte mit ihm überall, und es gab weder Begrenzungen für die Zahl der Spieler noch für die Spielzeit, noch für sonst irgend etwas. Ein ganzes Dorf trat den Ball gegen ein anderes Dorf und trieb ihn mit Fußtritten und Faustschlägen auf das Tor zu, das damals noch aus einem Mühlstein bestand. Die Spiele erstreckten sich über mehrere Meilen und mehrere Tage, und sie kosteten mehrere Spieler das Leben. Die Könige verboten den blutigen Spaß: 1349 nannte Edward III. den Fußball eines der »dummen und völlig nutzlosen« Spiele, und es wurden Edikte gegen den Fußball unterzeichnet: 1410 durch Heinrich IV. und 1447 durch Heinrich VI. Je strenger er verboten wurde, desto mehr spielte man ihn, was nichts anderes bewies als die anregende Wirkung von Verboten.

1592 nahm Shakespeare in seiner »Komödie der Irrungen« Bezug auf den Fußball, um die Klage einer seiner Personen zu formulieren:

»So roll ich denn für Euch auf diese Weise? Habt Ihr mich denn für einen Fußball? Ihr tretet mich von dort nach hier, und er, er tritt mich dann von hier nach dort. Wenn ich in diesem Dienst verharren soll, so müßt Ihr mich in Leder kleiden.«

Und ein paar Jahre später schimpft im »König Lear« der Graf von Kent auf diese Weise:

»Du verachtenswerter Fußballspieler!«

In Florenz nannte man den Fußball *calcio*, so wie er auch heute noch in ganz Italien genannt wird. Leonardo da Vinci war ein großer Fan des Spiels, und Machiavelli spielte gar selbst. Es nahmen Mannschaften mit 27 Spielern teil, die in drei Linien gestaffelt aufgestellt wurden und Hände und Füße benutzen durften, um den Ball zu schlagen und Gegner umzuwerfen. Die Menge wohnte den Spielen bei, die auf den größten Plätzen oder auf den zugefrorenen Wassern des Arno ausgetragen wurden. Weit entfernt von Florenz, in den Gärten des Vatikans, pflegten die Päpste Clemens VII., Leo IX. und Urban VIII. die Gewänder zu raffen, um *calcio* zu spielen.

Zwei Bilder aus der Geschichte des Fußballs. Die erste Zeichnung gibt einen Ausschnitt aus einer Wandmalerei wieder, die vor tausend Jahren in Tepantitla, Teotihuacán, Mexiko entstand: der Großvater von Hugo Sánchez, wie er mit links schießt. Die zweite ist die Stilisierung eines mittelalterlichen Reliefs in der Kathedrale von Gloucester, England.

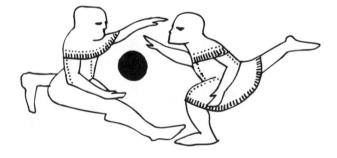

In Mexiko und Zentralamerika war der Ball aus Kautschuk schon tausendfünfhundert Jahre vor Christi Geburt die Sonne einer heiligen Zeremonie; doch ist nicht bekannt, wie lange schon in anderen Gegenden von Amerika Fußball gespielt wird. Den Indios des bolivianischen Amazonasgebiets zufolge hat der Brauch, hinter einem Ball aus massivem Gummi herzulaufen, um ihn, ohne die Hände zu Hilfe zu nehmen, zwischen zwei Stöcken hindurch zu schlagen, uralte Wurzeln. Im 18. Jahrhundert beschrieb ein spanischer Priester in den Jesuitenmissionen am Oberlauf des Paraná eine alte Sitte der Guaraní-Indianer folgendermaßen: »Sie treiben nicht wie wir den Ball mit den Händen, sondern mit der Oberseite des nackten Fußes.« Bei den Indios Mexikos und Zentralamerikas wurde der Ball für gewöhnlich mit der Hüfte oder dem Unterarm gespielt, doch zeigen Malereien in Teotihuacán und Chichén Itzá, daß bei bestimmten Spielen auch Füße und Knie benutzt wurden. Ein Wandgemälde von vor tausend Jahren zeigt einen Großvater von Hugo Sánchez, wie er den Ball mit links tritt. Wenn das Spiel aus war, beendete der Ball seine Reise: Die Sonne ging wieder auf, nachdem sie das Totenreich durchquert hatte. Deshalb mußte, damit die Sonne wiederkam, Blut fließen. Einigen von denen zufolge, die es wissen müssen, gab es bei den Azteken den Brauch, die Sieger des Spiels zu opfern. Bevor man ihnen den Kopf abschnitt, wurden ihre Körper mit roten Streifen bemalt. Die von den Göttern Erwählten opferten ihr Blut, damit die Erde fruchtbar und der Himmel gnädig sei.

Die Spielregeln

Nach vielen Jahrhunderten offizieller Ablehnung akzeptierte man auf den britischen Inseln schließlich, daß ein Ball zum Schicksal des Landes gehörte. Zu Zeiten von Königin Victoria war Fußball schon weit verbreitet, nicht nur als ein Laster des einfachen Volkes, sondern auch als aristokratische Tugend.

Die zukünftigen Spitzen der Gesellschaft lernten beim Fußballspiel auf den Plätzen des College oder der Universität das Siegen. Dort konnten die Frischlinge der Oberklasse ihrem jugendlichen Sturm und Drang freien Lauf lassen, Disziplin erlernen, ihren Mut stählen und ihren Witz schärfen. Am anderen Ende der sozialen Leiter brauchten die Proletarier zwar nichts, was ihren Körper ermüdete, denn dafür hatten sie die Fabriken und Werkstätten, doch hatte das Vaterland des industriellen Kapitalismus begriffen, daß der Fußball, Leidenschaft der Massen, den Armen Vergnügen und Trost spendete und sie von Streiks und anderen schlechten Gedanken ablenkte.

In seiner modernen Form entstand der Fußball durch ein Gentlemen's Agreement, das zwölf englische Klubs im Herbst des Jahres 1863 in einer Londoner Taverne unterschrieben. Die Vereine einigten sich auf die Regeln, die 1846 die Universität von Cambridge aufgestellt hatte. In Cambridge hatte sich der Fußball vom Rugby getrennt: Es wurde verboten, den Ball mit der Hand zu führen, obwohl man ihn allerdings noch damit berühren durfte, und man untersagte Tritte nach dem Gegner. »Die Fußtritte sind ausschließlich auf den Ball zu richten«, lautete eine der Regeln. Anderthalb Jahrhunderte später gibt es immer noch Spieler, die den Kopf des Gegners mit dem Ball verwechseln, wohl wegen seiner ähnlichen Form.

Die Vereinbarung von London begrenzte weder die Zahl der Spieler noch die Größe des Spielfelds, noch die Höhe des Tores, noch die Dauer des Spiels. Die Spiele dauerten zwei bis drei Stunden, und die Teilnehmer unterhielten sich oder

rauchten, wenn der Ball gerade nicht in der Nähe war. Allerdings gab es schon die Abseitsregel: Es galt als unfair, Tore hinter dem Rücken des Gegners zu schießen.

In jenen Zeiten hatte niemand eine besondere Position auf dem Platz: Alle rannten fröhlich hinter dem Ball her, jeder lief dorthin, wo er wollte und wechselte nach Belieben seinen Standort. Es war in Schottland, wo sich um 1870 die Mannschaften zu organisieren begannen, mit Verteidigungs-, Mittelfeld- und Sturmaufgaben. Zu der Zeit bestanden die Mannschaften schon aus elf Spielern. Seit 1869 durfte niemand mehr den Ball mit der Hand berühren, auch nicht, um ihn anzuhalten und ordentlich zum Schuß hinzulegen. Doch 1871 wurde der Torwart erfunden, der, einzige Ausnahme dieser Regel, das Tor mit seinem ganzen Körper verteidigen durfte.

Der Torwart schützte ein rechteckiges Feld: Das Tor, viel schmaler als das heutige und viel höher, bestand aus zwei Pfosten, die in fünfeinhalb Meter Höhe durch ein Band verbunden waren. Das Band wurde 1875 durch eine hölzerne Querlatte ersetzt. An den Pfosten wurden mit kleinen Kerben die Tore markiert. Der Ausdruck »ein Tor markieren« wird heute noch gebraucht, auch wenn die Tore nicht mehr an den Pfosten, sondern auf der elektronischen Anzeigetafel des Stadions markiert werden. Das Tor besteht nur aus rechten Winkeln und hat nichts bogenförmiges, doch wird es in einigen Ländern immer noch »Bogen« genannt, und man nennt den, der es verteidigt »Bogenhüter«, vielleicht weil die Schüler der englischen Colleges die Bogengänge ihrer Schulhöfe als Tore benutzten.

1872 tauchte der Schiedsrichter auf. Bis dahin waren die Spieler ihre eigenen Schiedsrichter und belegten die Verstöße, die sie begingen, selbst mit Strafen. 1880 entschied der Schiedsrichter, den Chronometer in der Hand, wann ein Spiel vorüber war, und er hatte die Gewalt, den vom Platz zu schicken, der sich schlecht benahm, doch leitete er das Spiel immer noch lautstark von außen. 1891 kam der Schiedsrichter zum ersten Male auf den Platz, verhängte mit einem Pfiff seiner Trillerpfeife den ersten Strafstoß der Geschichte und bestimmte, indem er elf Meter abschritt, den Punkt, von dem er ausgeführt werden sollte. Lange schon hatte die britische Presse für die Einführung des Strafstoßes plädiert. Es war notwendig, die Spieler direkt vor dem Tor zu schützen, wo es zu regelrechten Schlachtfesten kam. Die *Westminster Gazette* hatte eine schreckenerregende Liste von Spielern veröffentlicht, die dort den Tod gefunden oder sich sämtliche Knochen gebrochen hatten.

1882 genehmigten die englischen Funktionäre den Einwurf mit der Hand von der Seitenlinie aus. 1890 wurde das Spielfeld mit Kreide markiert, und man malte in seine Mitte einen Kreis. In diesem Jahr bekam auch das Tor sein Netz. Das Netz fing den Ball auf und verhinderte die Unsicherheit über geschossene oder nicht geschossene Tore.

Dann verging das Jahrhundert, und mit ihm das englische Monopol im Fußball. 1904 wurde die FIFA geboren, Fédération Internationale de Futbol Associé, die seither die Beziehungen zwischen Fuß und Ball auf der ganzen Welt regelt. Über alle Weltmeisterschaften hinweg hat die FIFA nur wenige Änderungen an jenen britischen Regeln vorgenommen, die das Spiel einst organisiert hatten.

Die englischen Invasionen

Auf einem freien Platz gleich neben dem Irrenhaus von Buenos Aires traten ein paar blonde Jungen einen Ball. »Wer sind die denn?« fragte ein Kind seinen Vater. »Verrückte«, gab der zurück, »verrückte Engländer.«
Der Journalist Juan José de Soiza Reilly hat diese Erinnerung seiner Kindheit aufgeschrieben. In den ersten Jahren galt der Fußball am Río de la Plata als »Spiel für Verrückte«. Doch in der Blütezeit imperialer Ausdehnung war der Fußball ein ebenso typisch britisches Exportprodukt wie die Stoffe aus Manchester, die Eisenbahnen, die Anleihen der Barings-Bank oder die Lehre vom freien Handel. An den Füßen der englischen Seeleute war er gekommen, sie spielten ihn an den Molen von Buenos Aires und Montevideo, während die Schiffe Ihrer Majestät Ponchos, Stiefel oder Mehl entluden und Wolle, Leder und Weizen an Bord nahmen, um dort im fernen Zuhause wieder Ponchos, Stiefel und Mehl daraus zu machen. Es waren englische Staatsbürger, Diplomaten und Vertreter von Eisenbahn- und Gasgesellschaften, die die ersten örtlichen Mannschaften Lateinamerikas bildeten. Das erste Länderspiel, das in Uruguay ausgetragen wurde, brachte 1889 die Engländer von Buenos Aires und Montevideo auf den Platz, unter einem riesigen Porträt von Königin Victoria mit schweren Lidern und müdem Gesichtsausdruck, und ein Porträt der Königin der sieben Weltmeere sah 1895 auch auf das erste brasilianische Fuß-

ballspiel hernieder, das die englischen Untertanen von der »Gas Company« und der »São Paulo Railway« austrugen.

Die alten Fotos zeigen jene Pioniere in vergilbten Tönen, Krieger, die gut gerüstet waren für die Schlacht. Die Rüstungen aus Wolle und Baumwolle bedeckten den gesamten Körper, um die Damen nicht in Verlegenheit zu bringen, die mit seidenen Sonnenschirmen und mit Spitzentaschentüchern winkend den Spielen beiwohnten. Die Spieler entblößten nichts weiter als ihre Gesichter mit dem ernsten Ausdruck und gezwirbeltem Schnurrbart, die unter Mützen oder Hüten hervorlugten. An den Füßen trugen sie schwere »Manfield«-Stiefel.

Es dauerte nicht lange, da wurde diese Krankheit ansteckend. Früher oder später begannen die Herren der einheimischen Gesellschaft, jene englische Verrücktheit nachzuahmen. Aus London importierten sie dazu die Trikots, die Stiefel, die dicken Schienbeinschoner und die Hosen, die von der Brust bis unter die Knie reichten. Die Fußbälle stießen beim Zoll nicht mehr auf Argwohn, wo die Zöllner anfangs nicht recht wußten, wo sie sie einordnen sollten. Auf den Schiffen kamen auch die Lehrbücher und Ausdrücke, die sich an diesen fernen Küsten des südlichen amerikanischen Kontinents viele Jahre halten sollten: *field, score, goal, goal-keeper, back, half, forward, out-ball, penalty, off-side.* Das *foul* verdiente die Strafe des *referee*, doch konnte der gefoulte Spieler die Entschuldigung des Schuldigen annehmen, wenn seine Entschuldigung ehrlich gemeint und in ordentlichem Englisch formuliert war, wie es im ersten Regelbuch des Fußballs hieß, das am Río de la Plata kursierte.

Unterdessen wurden andere englische Wörter in die Sprache der lateinamerikanischen Länder der Karibik aufgenommen: *pitcher, catcher, innings.* Unter dem Einfluß Nordamerikas lernte man in diesen Ländern, den Ball mit einem runden Schläger aus Holz zu schlagen. Die *marines* trugen ihn mit dem Gewehr geschultert, während sie mit Feuer und Schwert ihre imperiale Ordnung in der Region durchsetzten. Seither ist der Baseball für die Bewohner der Karibik das, was der Fußball für die Südamerikaner ist.

Fußball auf südamerikanisch

Die »Argentine Football Association« erlaubte nicht, daß in den Versammlungen ihrer Funktionäre spanisch gesprochen wurde, und die »Uruguay Association Football League« verbot, daß an Sonntagen Spiele ausgetragen wurden, da nach der englischen Sitte samstags gespielt wurde. Doch schon in den ersten Jahren dieses Jahrhunderts begann der Fußball am Río de la Plata populärer und einheimischer zu werden. Dieses importierte Vergnügen, das den Kindern vernünftig die Zeit vertrieb, war dem hochgehängten Blumentopf entsprungen, auf dem Boden gelandet und hatte dort schnell Wurzeln geschlagen.

Der Prozeß war nicht mehr aufzuhalten. Wie der Tango, so wuchs auch der Fußball von den Vorstädten aus. Es war ein Sport, für den man kein Geld brauchte und den man mit nichts weiter als der puren Lust daran spielen konnte. In den Wiesen, auf den Straßen und an den Stränden organisierten die einheimischen Jungen und die Kinder der Immigranten im Handumdrehen Spiele mit Bällen, die aus alten Strümpfen gemacht waren, die sie mit Lumpen oder Altpapier füllten, und mit ein paar Steinen, die das Tor markierten. Dank der Sprache des Fußballs, die sich immer mehr verbreitete, verstanden sich die Arbeiter, die vom Lande in die Stadt vertrieben waren, blendend mit den Arbeitern, die aus Europa vertrieben worden waren. Das Ball-Esperanto einte die einheimischen Armen mit den Tagelöhnern, die das Meer von Vigo, Lissabon, Neapel, Beirut oder Bessarabien her überquert hatten und davon träumten, Amerikaner zu werden, indem sie Mauern hochzogen, Ballen schleppten, Brot buken oder Straßen fegten. Eine schöne Reise, die der Fußball da hinter sich gebracht hatte: In den englischen Internaten und Universitäten hatte man ihn zivilisiert, und in Südamerika erfreute er Menschen das Herz, die nie eine Schule von innen gesehen hatten.

Auf den Plätzen von Buenos Aires und Montevideo wurde ein eigener Stil geboren. Eine eigene, besondere Art Fußball zu spielen, schaffte sich Raum, während eine besondere, eigene Art zu tanzen auf den Milonga-Böden kreiert wurde. Die Tänzer zeichneten kunstvolle filigrane Figuren auf einer einzigen Fußbodenfliese, und die Fußballer erfanden ihre Sprache in dem winzigen Raum, in dem der Ball nicht getreten, sondern gehalten, besessen wurde, als seien die Füße Hände, die das Leder kneteten. Und so entstand an den Füßen der ersten virtuosen südamerikanischen Spieler der *toque*, die typisch südamerikanische Art des Dribbling: der Ball, der wie ein Instrument gespielt wird, wie eine Gitarre, wie eine Quelle der Musik.

Gleichzeitig tropikalisierte sich der Fußball in Rio de Janeiro und São Paulo. Es waren die Armen, die ihn bereicherten, während sie ihn enteigneten, ihn sich aneigneten. Dieser ausländische Sport wurde in dem Maße brasilianisch, wie er aufhörte, das Privileg einiger weniger wohlhabender junger Männer zu sein, die ihn nur nachahmten, und es befruchtete ihn die schöpferische Energie des Volkes, das ihn für sich entdeckte. Und so wurde der schönste Fußball der Welt geboren, der aus dem Abknicken des Oberkörpers besteht, dem Schwingen des ganzen Körpers, den fliegenden Beinen, die von der »Capoeira« herkamen, dem Kriegstanz der schwarzen Sklaven, und den fröhlichen Tänzen aus den Armenvierteln der großen Städte.

So wurde der Fußball schnell zur Leidenschaft der Massen und enthüllte seine heimlichen Schönheiten, während er sich gleichzeitig als nobler Zeitvertreib disqualifizierte. 1915 ließ diese Demokratisierung des Fußballs die brasilianische Zeitschrift »Sports« aus Rio de Janeiro klagen: »Die, die wir eine Stellung in der Gesellschaft innehaben, sind gezwungen, mit einem Arbeiter zu spielen, mit einem Chauffeur ... Diesen Sport zu betreiben, wird langsam zur Qual, zum Opfer, und hört auf, ein Vergnügen zu sein.«

Die Geschichte von Fla und Flu

Im Jahre 1912 kam es zum ersten Mal zum klassischen Derby des brasilianischen Fußballs, zum ersten Fla gegen Flu. Der Klub »Fluminense« schlug den Klub »Flamengo« 3 zu 2.

Es war ein aufregendes, hartes Spiel, bei dem es im Publikum zu mehreren Ohnmachtsanfällen kam. Die Ehrentribüne war vollgestopft mit Blumen, Früchten, Federn, Damen und Herren. Während die Herren jedes Tor feierten, indem sie ihre Strohhüte aufs Spielfeld warfen, ließen die Damen ihre Fächer fallen und sanken zu Boden, weil die Tore sie so erregten, oder wegen der großen Hitze im Korsett.

Der Klub »Flamengo« war erst kurz zuvor ins Fußballeben getreten. Entstanden war er aus einer Abspaltung des Klubs »Fluminense«, der sich nach viel Streit und Kriegsgeschrei und Geburtswehen teilte. Bald schon bedauerte es der Vater, daß er diesen frechen Sohn nicht gleich in der Wiege erwürgt hatte, doch da war nichts mehr zu machen: »Fluminense« hatte seinen eigenen Fluch zur Welt gebracht, und das Unglück war nicht mehr aufzuhalten.

Und seither geben sich Vater und Sohn, rebellischer Sohn, verlassener Vater, alle Mühe, sich zu hassen. Jedes klassische Duell Fla gegen Flu ist eine neue Schlacht in diesem Krieg ohne Ende. Beide lieben sie die gleiche Stadt, Rio de Janeiro, träge Sünderin, die sich gnädig lieben läßt und sich einen Spaß draus macht, sich beiden anzubieten und sich keinem hinzugeben. Vater und Sohn spielen für die Geliebte, die mit ihnen spielt. Um sie schlagen sie sich, und sie, sie kommt im Festkleid zum Duell.

Opium fürs Volk?

Worin ähnelt der Fußball Gott? In der Ehrfurcht, die ihm viele Gläubige entgegenbringen, und im Mißtrauen, mit dem ihm viele Intellektuelle begegnen.

1880 machte sich in London Rudyard Kipling über den Fußball lustig und die »kleinen Seelen, deren Hunger durch die verdreckten Idioten gestillt werden kann, die ihn spielen«. Ein Jahrhundert später war in Buenos Aires Jorge Luis Borges subtiler: Er hielt einen Vortrag über die Unsterblichkeit am gleichen Tag und zur gleichen Stunde, zu der die argentinische Auswahl ihr erstes Spiel in der Weltmeisterschaft 1978 angesetzt hatte.

Die Verachtung vieler konservativer Intellektueller gründet auf der Gewißheit, die Anbetung des Balls sei der Aberglaube, den das Volk verdient. Fußballbesessen denkt die Plebs mit den Füßen, wie es ihm gebührt, und in diesem niederen Vergnügen wird sie sich gerecht. Der animalische Instinkt triumphiert über die menschliche Vernunft, die Ignoranz zerschmettert die Kultur, und so bekommt der Pöbel das, was er verdient und was er will.

Viele linke Intellektuelle hingegen lehnten den Fußball deshalb ab, weil er die Massen verdummt und ihre revolutionären

Energien fehllenkt. Brot und Spiele, Spiele ohne Brot: Durch den Ball hypnotisiert, der eine perverse Faszination ausübt, schrumpft das Bewußtsein der Arbeiter, und sie lassen sich wie die Schafe von ihrem Klassenfeind leiten.

Als der Fußball aufhörte, Sache der Engländer und der Reichen zu sein, entstanden am Río de la Plata die ersten volkstümlichen Klubs, aufgestellt in den Werkstätten der Eisenbahngesellschaften und den Schiffswerften der Häfen. Damals geißelten einige sozialistische und anarchistische Führer dieses Manöver der Bourgeoisie, das Streiks verhindern und die sozialen Widersprüche verschleiern sollte. Die Verbreitung des Fußballs auf der Welt war für sie das Ergebnis des imperialistischen Versuchs, die unterdrückten Völker unmündig zu halten.

Gleichwohl hieß der Klub »Argentinos Juniors« ursprünglich »Märtyrer von Chicago«, im Gedenken an die Arbeiter, die dort einst an einem 1. Mai gehenkt worden waren, und der 1. Mai wurde auch als Datum gewählt, um den Klub »Chacarita« zu gründen, dessen Taufe in einer anarchistischen Bibliothek in Buenos Aires stattfand. In jenen ersten Jahren des Jahrhunderts fehlte es nicht an linken Intellektuellen, die den Fußball feierten und ihn nicht für Gehirnwäsche hielten. Unter ihnen der italienische Marxist Antonio Gramsci; er lobte ihn als »das Reich der menschlichen Treue, das im Freien errichtet wird«.

Der Ball als Fahne

Im Sommer 1916, mitten im Weltkrieg, ging ein englischer Hauptmann mit dem Fußball zum Sturmangriff über. Hauptmann Neville sprang aus dem Schützengraben, in dem er sich befand, und hinter dem Ball herlaufend führte er einen Angriff auf die deutschen Linien an. Sein Regiment, das bisher gezögert hatte, folgte ihm nach. Der Hauptmann starb im Kugelhagel, doch England eroberte ein Stück Niemandsland und konnte diese Schlacht als den ersten Sieg des englischen Fußballs an der Kriegsfront feiern.

Viele Jahre später, gegen Ende des Jahrhunderts, gewann der Besitzer des AC Mailand die italienischen Wahlen mit einer Parole, *Forza Italia!,* die auf den Tribünen der Fußballstadien entstanden war. Silvio Berlusconi versprach, Italien genauso zu retten, wie er den Mailänder Klub gerettet hatte, die Supermannschaft, die alle Meisterschaften gewann, und die Wähler vergaßen, daß einige seiner Unternehmen am Rande des Bankrotts standen.

Fußball und Vaterland — das geht immer Hand in Hand; und oft genug spekulieren Politiker und Diktatoren auf diese Identitätsbande. Die italienische Auswahl gewann die Weltmeisterschaften von 1934 und 1938 im Namen von Vaterland und Mussolini, und die Spieler begannen und beendeten jedes Spiel mit Hochrufen auf Italien und grüßten das Publikum mit dem ausgestreckten Arm.

Auch für die Nazis war der Fußball eine Frage der Staatsraison. In Kiew, in der Ukraine, erinnert ein Denkmal an die Spieler von Dynamo Kiew im Jahre 1942. Unter deutscher Besatzung hatten sie die Dummheit begangen, in ihrem Stadion eine Mannschaft Hitler-Deutschlands zu besiegen. Man hatte sie gewarnt:

»Wenn ihr gewinnt, kostet es euch den Kopf.«

Bereit zu verlieren, kamen sie auf den Platz, zitternd vor Angst und vor Hunger, doch konnten sie die Lust an der Würde nicht bezähmen. Noch mit ihren Trikots auf dem Leibe wurden die elf am Rande eines Abhangs erschossen, als das Spiel zuende war.

Fußball und Vaterland, Fußball und Volk: 1934, als sich im Chaco-Krieg Bolivien und Paraguay wegen eines Stücks Wüste auf der Landkarte gegenseitig vernichteten, stellte das Rote Kreuz von Paraguay eine Fußballmannschaft auf, die in mehreren Städten Argentiniens und Uruguays spielte und eine Menge Geld aufbrachte, um den Verwundeten beider Seiten auf dem Schlachtfeld zu helfen.

Drei Jahre später waren zur Zeit des spanischen Bürgerkriegs zwei Wandermannschaften Symbole des demokratischen Widerstands. Während General Franco mit Unterstützung Hitlers und Mussolinis die spanische Republik bombardieren ließ, reiste eine baskische Auswahl quer durch Europa, und die Mannschaft von Barcelona spielte in den USA und in Mexiko. Die baskische Regierung schickte die Mannschaft »Euzkadi« nach Frankreich und in andere Länder, um für die Sache der Republik zu werben und Mittel für die Verteidigung aufzubringen. Gleichzeitig fuhr die Mannschaft von Barcelona nach Amerika. Das war im Jahre 1937, und der Vereinspräsident von Barcelona war schon den Kugeln der Franco-Anhänger zum Opfer gefallen. Beide Mannschaften verkörperten, auf dem Spielfeld und auch darüber hinaus, die bedrohte Demokratie.

Nur vier katalanische Spieler kehrten noch während des Bürgerkrieges nach Spanien zurück; von den Basken gar nur einer. Als die Republik besiegt war, erklärte die FIFA die exilierten Spieler zu Rebellen und drohte ihnen mit lebenslänglicher Sperre, doch einigen von ihnen gelang es dennoch, im lateinamerikanischen Fußball Fuß zu fassen. Unter Beteiligung mehrerer Basken wurde in Mexiko der Klub »España« gegründet, der in seiner ersten Zeit unschlagbar sein sollte. Der Mittelstürmer der Mannschaft »Euzkadi«, Isidro Lángara, debütierte 1939 im argentinischen Fußball. Bei seinem ersten Spiel schoß er vier Tore. Und beim Klub »San Lorenzo« glänzte Angel Zubieta, der bei »Euzkadi« im Mittelfeld gespielt hatte. Später, im Jahre 1945, führte Lángara dann in Mexiko die Torschützenliste in der Landesmeisterschaft an.

Die Bilderbuchmannschaft im Spanien Francos, »Real Madrid«, gab zwischen 1956 und 1960 in der Welt den Ton an. Dieser verblüffende Klub gewann viermal hintereinander die spanische Meisterschaft, fünfmal hintereinander den Europapokal und einmal den Weltpokal. Die Mannschaft von »Real Madrid« reiste in der ganzen Welt umher, und überall blieben den Zuschauern Augen und Ohren offenstehen. Die Franco-Diktatur hatte nicht zu übertreffende Botschafter gefunden. Die Tore, die im Radio übertragen wurden, waren eingängiger als »*Cara al sol*«, die Hymne der Faschisten. Im Jahre 1959 hielt einer der Führer des Regimes, José Solís, eine Dankesrede vor den Spielern, »weil Menschen, die uns früher haßten, uns dank euch jetzt verstehen«. Wie einst El Cid im Kampf der Spanier gegen die Mauren, so einte »Real Madrid« alle Tugenden der spanischen Rasse, obwohl seine berühmte Mannschaft eher wie die Fremdenlegion wirkte. Es glänzten in ihr ein Franzose, Kopa, zwei Argentinier, Di Stefano und Rial, der Uruguayer Santamaría und der Ungar Puskas.

Den Ungarn Ferenc Puskas nannte man auch *Cañoncito pum*, kleine Kanone Bum, wegen der vernichtenden Fähigkeiten seines linken Beins, das auch ein Samthandschuh zu sein vermochte. Ungarische Spieler, Ladislaus Kubala, Zoltan Czibor und Sandor Kocsis, glänzten in jenen Jahren auch beim Klub von Barcelona. 1954 wurde der Grundstein für *Camp Nou*, das große, neue Stadion, gelegt, das durch Kubala entstand: Die Massen, die ihn spielen sehen wollten, seine millimetergenauen Pässe, seinen tödlichen Abschluß, paßten nicht mehr ins alte Stadion. Czibor ließ unterdessen mit seinen Stiefeln nur so die Funken sprühen. Und der dritte Ungar bei Barcelona, Kocsis, war berühmt wegen seiner Kopfballstärke. *Cabeza de oro*, Goldkopf, nannte man ihn, und ein Meer aus winkenden Taschentüchern feierte seine Tore. Es heißt, Kocsis sei, nach Churchill, der beste Kopf Europas gewesen.

1950 hatte Kubala in einer ungarischen Exilmannschaft gespielt, was ihn zwei Jahre Sperre kostete, ausgesprochen von der FIFA. Später strafte die FIFA Puskas, Czibor, Kocsis und andere ungarische Spieler mit mehr als einem Jahr Sperre, weil sie seit Ende 1956 in einer neuen Exilmannschaft gespielt hatten, nachdem die sowjetischen Invasionstruppen den Volksaufstand niedergeschlagen hatten.

1958, mitten im Unabhängigkeitskrieg, stellte Algerien eine Mannschaft auf, die zum ersten Mal die Farben ihres Landes trug. Mitglieder waren unter anderem Makhloufi, Ben Tifour und andere Algerier, die als Profis im französischen Fußball spielten.

Von der Kolonialmacht Frankreich boykottiert, gelang es Algerien damals nur, gegen Marokko anzutreten, das wegen solch großer Sünde für mehrere Jahre aus der FIFA verbannt wurde, darüber hinaus bestritt es nur ein paar unbedeutende Spiele, die von den Sportgewerkschaften einiger arabischer Länder und Osteuropas organisiert wurden. Die FIFA schloß der algerischen Mannschaft sämtliche Türen, und der französische Fußball bestrafte die entsprechenden Spieler mit dem zivilrechtlichen Tode. Da sie Gefangene ihrer Verträge waren, konnten sie nie mehr ins Profileben zurückkehren.

Als Algerien seine Unabhängigkeit erlangt hatte, konnte der französische Fußball allerdings nicht anders, als jene Spieler zurückzurufen, nach denen von den Tribünen her so lautstark verlangt wurde.

Die Schwarzen

Im Jahre 1916, beim ersten südamerikanischen Fußballturnier, schlug Uruguay Chile mit 4 zu 0 Toren. Am nächsten Tag forderte Chile die Annullierung des Spiels, »weil Uruguay zwei Afrikaner aufgestellt hatte«. Es handelte sich um die Spieler Isabelino Gradín und Juan Delgado. Gradín hatte zwei der vier Siegestore verbrochen.

Als Urenkel von Sklaven war Gradín in Montevideo geboren. Die Zuschauer sprangen von den Sitzen auf, wenn er gemächlich loslief, als ginge er mit dem Ball spazieren, und ohne anzuhalten alle Gegner umspielte und aus vollem Lauf unhaltbar einschoß. Er hatte ein Engelsgesicht und war einer jener Menschen, denen niemand etwas Böses zutraut.

Juan Delgado war, auch er Urenkel von Sklaven, in Florida, im Landesinneren von Uruguay geboren. Beim Karneval tanzte Delgado mit dem Besen, auf dem Fußballplatz mit dem Ball. Beim Spiel plauderte er mit den Gegnern und machte sich über sie lustig:

»Pflück mir doch mal dieses Blümchen«, sagte er und hob den Ball in die Höhe. Und wenn er schoß, sagte er:

»Vorsicht, jetzt kommt ein bißchen Sand mit.«

Uruguay war damals das einzige Land, das schwarze Spieler in seiner Nationalmannschaft hatte.

Zamora

Mit sechzehn, als er noch kurze Hosen trug, gab er seinen Einstand in der ersten Liga. Als er mit seiner Mannschaft, dem Klub »Español« von Barcelona, auf den Platz kam, trug er ein englisches Jersey mit hohem Kragen, Handschuhe und eine Mütze, so hart wie ein Helm, die ihn vor der Sonne und vor Fußtritten schützen sollte. Man schrieb das Jahr 1917, und die Angriffe waren wie die eines Kavallerieregiments. Ricardo Zamora hatte einen risikoreichen Beruf gewählt. Der Einzige, der gefährlicher lebte als der Torwart, war der Schiedsrichter, den man damals auch den »Nazarener« nannte, weil er auf Plätzen, die weder Gräben noch Zäune kannten, der Rache des Publikums voll ausgesetzt war. Bei jedem Tor wurde das Spiel eine gute Weile unterbrochen, denn das Publikum lief auf den Platz, um zu umarmen oder zu prügeln.

Zamora blieb — immer in der Kluft seines ersten Vereins — lange Zeit berühmt. Er war der Schrecken aller Stürmer. Wenn sie ihn vor sich sahen, waren sie verloren: Mit Zamora zwischen den Pfosten, schrumpfte das Tor, und die Pfosten wichen so weit zurück, daß sie kaum noch zu sehen waren.

Man nannte ihn *el Divino*, den Göttlichen. Zwanzig Jahre lang war er der beste Torhüter der Welt. Er trank gern Cognac und rauchte drei Päckchen Zigaretten am Tag und ab und zu eine gute Havanna.

Illustrationen aus einem Fußballhandbuch, veröffentlicht in Barcelona zu Beginn dieses Jahrhunderts

Samitier

Wie Zamora, spielte auch Josep Zamitier mit sechzehn zum ersten Mal in der Oberliga. Im Jahre 1918 unterschrieb er beim Klub Barcelona im Tausch gegen eine Uhr mit Leuchtzifferblatt — etwas, was man damals noch nie gesehen hatte — und einen Anzug mit Weste.

Wenig später war er schon der Star der Mannschaft, und seine Lebensgeschichte wurde an den Zeitungskiosken der Stadt verkauft. Die Trios in den Nachtclubs besangen seinen Namen, es rühmten ihn die Boulevardstücke jener Jahre und es bewunderten ihn die Sportchroniken, die den *mediterranen Stil* lobten, den Zamora und Samitier begründet hatten.

Samitier, der Stürmer mit dem unhaltbaren Schuß, stach heraus durch seine Gewitztheit, seine Ballbeherrschung, seinen mangelnden Respekt für die Regeln der Logik und seine totale Mißachtung der Grenzen von Raum und Zeit.

Tod auf dem Fußballplatz

Abdón Porte bestritt mehr als zweihundert Begegnungen im Trikot des uruguayischen Klubs »Nacional«, über vier Jahre lang, immer unter dem Beifall, manchmal zu den Ovationen des Publikums, bis irgendwann sein guter Stern unterging.

Da setzte man ihn auf die Reservebank. Er wartete ein Weilchen, bat darum, wieder in die Stammannschaft aufgenommen zu werden, was man ihm auch zugestand. Doch da war nichts zu machen, seine Pechsträhne hielt an, die Zuschauer pfiffen ihn aus: In der Verteidigung liefen ihm selbst die Schildkröten davon; im Sturm wollte ihm kein einziger Treffer gelingen.

Ende des Sommers 1918 beging Abdón Porte im Stadion von »Nacional« Selbstmord. Um Mitternacht schoß er sich mitten auf dem Platz, wo er einst so geliebt und gefeiert worden war, eine Kugel durch den Kopf. Alle Lichter waren ausgeschaltet. Niemand hörte den Schuß.

Man fand ihn bei Tagesanbruch. In der einen Hand hielt er den Revolver, in der anderen einen Brief.

Friedenreich

Im Jahre 1919 besiegte Brasilien Uruguay mit 1 zu 0 und wurde südamerikanischer Meister. In Rio de Janeiro stürzte das Volk auf die Straßen. Der Festzug wurde wie mit einer Standarte von einem schlammbespritzten Fußballstiefel angeführt, den ein Schild zierte, auf dem geschrieben stand: *O glorioso pé de Friedenreich* - Der ruhmreiche Fuß von Friedenreich. Am nächsten Tag stand dieser Stiefel, der das Siegestor geschossen hatte, im Schaufenster eines Juweliergeschäftes in der Innenstadt.

Artur Friedenreich, Sohn eines deutschen Einwanderers und einer schwarzen Wäscherin, spielte sechsundzwanzig Jahre lang in der 1. Liga, und nie nahm er einen einzigen Centavo dafür. Niemand in der Geschichte des Fußballs schoß mehr Tore als er. Er traf häufiger als der andere große Torschütze, Pelé, ebenfalls ein Brasilianer, der später Torschützenkönig der Profifußballer werden sollte. Friedenreich schoß 1329, Pelé 1279.

Dieser Mulatte mit den grünen Augen begründete die typisch brasilianische Art, Fußball zu spielen. Er brach mit allen englischen Lehrbüchern. Er, oder der Teufel, der ihm durch die Fußsohlen in den Körper fuhr. In den feierlichen Ernst der weißen Stadien brachte Friedenreich die frech-vergnügte Unbotmäßigkeit der kaffeebraunen Jungen, die ihren Spaß dabei haben, in der Vorstadt einen Ball aus Lumpen zu treten. So wurde ein neuer Stil geboren, der offen ist für Phantasie und der die Lust am Spiel über das Ergebnis stellt. Von Friedenreich an kennt der brasilianische Fußball, wenn er wirklich brasilianisch ist, keine rechten Winkel, genauso wenig wie die Hügel um Rio de Janeiro und die Bauwerke von Oscar Niemeyer.

Von der Beschneidung zur Vielfalt

Im Jahre 1921 sollte die amerikanische Meisterschaft in Buenos Aires ausgetragen werden. Da formulierte der Präsident Brasiliens, Epitácio Pessoa, ein Weißheitsgebot: Aus Prestigegründen verfügte er, daß nicht ein einziger Spieler dunkler Hautfarbe entsandt würde. Von den drei Spielen, die sie austrug, verlor die weiße Auswahl zwei.

Bei diesem südamerikanischen Turnier konnte auch Friedenreich nicht antreten. Zu jener Zeit war es schier unmöglich, als Schwarzer im brasilianischen Fußball zu spielen, und auch für einen Mulatten war es nicht leicht: Friedenreich kam immer als letzter auf den Platz gelaufen, weil er eine halbe Stunde brauchte, um sich in der Kabine die Kraushaare glattzubürsten, und der einzige Mulatte beim Klub »Fluminense«, Carlos Alberto, weißte sich das Gesicht mit Reismehl.

Doch nach und nach begannen sich, trotz der Machthaber und nicht etwa mit ihrer Hilfe, die Dinge zu ändern. Mit der Zeit konnte sich dieser Fußball, den der Rassismus beschnitten hatte, in der ganzen Vielfalt seiner Farben entfalten. Und nach so vielen Jahren läßt sich leicht nachweisen, daß Schwarze und Mulatten die besten Spieler in der Geschichte des brasilianischen Fußballs gewesen sind, von Friedenreich bis Romario über Domingos da Guía, Leónidas, Zizinho, Garrincha, Didí und Pelé. Alle kamen sie aus der Armut, und einige kehrten auch in die Armut zurück. Hingegen gab es nie einen Schwarzen oder Mulatten unter den brasilianischen Formel-1-Weltmeistern. Wie Tennis, so kostet auch der Pistensport eine Menge Geld.

In der sozialen Pyramide der Welt stehen die Schwarzen unten und die Weißen oben. In Brasilien nennt man das »rassische Demokratie«, doch tatsächlich ist der Fußball eines der wenigen einigermaßen demokratischen Gebiete, auf denen die Menschen dunkler Hautfarbe Chancengleichheit genießen können. Können, bis zu einem gewissen Punkt, weil auch im Fußball einige gleicher sind als andere. Denn selbst wenn sie die gleichen Rechte haben, so treten der Spieler, der Hunger leidet oder gelitten hat, und der wohlgenährte Athlet doch nie unter gleichen Bedingungen an. Doch zumindest gibt es im Fußball eine gewisse Chance des sozialen Aufstiegs für den armen Knaben, gewöhnlich schwarz oder Mulatte, der kein anderes Spielzeug als einen Ball kennengelernt hat: Der Ball ist das einzige Wunder, an das er glauben kann. Vielleicht wird er ihm zu essen geben, vielleicht wird er ihn zum Helden machen, vielleicht sogar zum Gott.

Die Armut befähigt ihn zum Fußball oder zur Kriminalität. Von Geburt an ist dieser Knabe gezwungen, seine physische Unterlegenheit in eine Waffe zu verwandeln, und schnell lernt er, die Ordnungsregeln zu umdribbeln, die ihm einen Platz verwehren. Er lernt, für jeden Weg eine Abkürzung zu finden und wird Meister in der Kunst des Täuschens, Überrumpelns, des Durchbrechens, wo es am wenigsten vermutet wird, und den Feind mit einer raschen Bewegung des Oberkörpers abzuschütteln, getanzt nach irgendeiner Melodie der Vagantenmusik.

Die zweite Entdeckung Amerikas

Für Pedro Arispe bedeutete das Vaterland nichts. Vaterland, das war der Ort, wo er einst zur Welt kam, was ihm ziemlich gleich war, denn ihn hatte ja eh' niemand nach seiner Meinung gefragt, und es war der Ort, an dem er als Kühlhausarbeiter schuftete, und es machte für ihn auch keinen Unterschied, wo, und wer der Besitzer war. Doch als die Mannschaft von Uruguay bei der Olympiade 1924 in Frankreich die Goldmedaille im Fußball gewann, da war Arispe unter den siegreichen Spielern; und während er zusah, wie die Fahne seines Landes langsam am Ehrenmast emporgezogen wurde, mit der Sonne darauf und den vier blauen Streifen darunter, in der Mitte der beiden anderen Fahnen und höher als diese, da hatte er das Gefühl, die Brust müsse ihm zerspringen.

Vier Jahre später gewann Uruguay auch bei der Olympiade in den Niederlanden. Und ein uruguayischer Funktionär, Atilio Narancio, der 1924 eine Hypothek auf sein Haus aufgenommen hatte, um die Überfahrt der Spieler zu bezahlen, meinte:

»Jetzt sind wir nicht mehr nur der kleine Punkt irgendwo auf der Weltkarte.«

Das blaue Trikot war der Beweis der Existenz der Nation, und daß das Land Uruguay kein Irrtum war; der Fußball hatte es geschafft, diesen Däumling unter den Ländern aus der internationalen Anonymität zu reißen.

Die Urheber jener Wunder von 1924 und 1928 waren Arbeiter und Lebenskünstler, denen der Fußball nicht mehr bedeutete als die reine Lust am Spiel. Pedro Arispe war Fleischarbeiter. José Nasazzi arbeitete als Steinmetz. Perucho Petrone war Gemüsehändler, Pedro Cea Eisverkäufer. José Leandro Andrade Karnevalsmusiker und Schuhputzer. Alle waren sie um die zwanzig oder wenig darüber, auch wenn sie auf den alten Fotos wie sehr erwachsene Herren aussehen. Ihre Prellungen heilten sie mit Wasser und Salz, Essigumschlägen und ein paar Gläsern Wein.

1924 kamen sie in der 3. Schiffsklasse nach Europa, und dort reisten sie auf Pump in der 2. Wagenklasse, schliefen auf den Holzbänken und waren gezwungen, ein Spiel nach dem anderen zu bestreiten, weil sie dafür Unterkunft und Verpflegung bekamen. Auf dem Weg zur Olympiade in Paris bestritten sie in Spanien neun Spiele und gewannen alle neun.

Es war das erste Mal, daß eine Mannschaft aus Südamerika in Europa spielte. Uruguay hatte in seiner ersten Begegnung Jugoslawien zum Gegner. Die Jugoslawen schickten Spione zum Training. Die Uruguayer merkten das und trainierten wie die Trottel, traten in den Boden, schossen den Ball in die Wolken, stolperten und stießen bei jedem Schritt zusammen. Die Spione berichteten:

»Diese armen Jungs können einem leid tun, da kommen sie von soweit her ...«

Kaum zweitausend Zuschauer sahen sich dieses erste Spiel an. Die Fahne Uruguays wurde verkehrt herum aufgezogen, mit der Sonne nach unten, und anstelle der Nationalhymne des Landes erklang ein brasilianischer Marsch. An jenem Abend besiegte Uruguay Jugoslawien mit 7 zu 0 Toren.

Und so kam es zu einer Art zweiten Entdeckung Amerikas. Von Spiel zu Spiel drängten sich mehr Zuschauer, um diese wieselflinken Kerle zu sehen, die mit dem Ball Schach spielten. Die englische Schule hatte den langen Paß und den hohen Ball verordnet, doch diese unbekannten, im fernen Amerika gezeugten Söhne scherten sich einen feuchten Kehricht um den Vater. Sie bevorzugten einen Fußball der kurzen Pässe, bei dem der Ball am Fuß klebte, des blitzschnellen Rhythmuswechsels und der Finten im vollen Lauf. Henri de Montherlant, der aristokratische Schriftsteller, schrieb voller Enthusiasmus: »Eine Offenbarung! Dies hier ist der eigentliche, der wirkliche Fußball. Das, was wir bisher kannten, was wir spielten, war, verglichen mit diesem hier, nicht mehr als ein Zeitvertreib von Schuljungen.«

Dieser Fußball Uruguays der Olympiaden von 1924 und 1928, der später auch die Weltmeisterschaften von 1930 und 1950 gewann, wurde zu einem Gutteil möglich durch die offizielle Politik der Sportförderung, die im ganzen Land Sportplätze errichtet hatte. Die Jahre sind vergangen, und von jenem Staat mit sozialer Ausrichtung ist nicht mehr geblieben als Nostalgie. Und von jenem Fußball auch. Einige Spieler, wie der feinsinnige Enzo Francescoli, haben die alte Kunst zu übernehmen und zu erneuern verstanden, doch im großen und ganzen ist der uruguayische Fußball weit von dem entfernt, was er einmal war. Immer weniger Kinder spielen ihn, und immer weniger Männer spielen ihn mit Eleganz. Und dennoch gibt es keinen männlichen Einwohner Uruguays, der sich nicht für einen Gelehrten der Strategie und Taktik des Fußballs und einen profunden Kenner seiner Geschichte hält. Die Leidenschaft der Uruguayer für den Fußball stammt aus jener Zeit, und diese tiefe Verwurzelung ist immer noch sichtbar: Jedesmal, wenn die Nationalmannschaft ein Spiel bestreitet, egal gegen wen, hält das Land den Atem an, die Politiker, Sänger und Marktschreier schweigen, die Liebenden halten in der Liebe ein, und die Fliegen hören auf, die Flügel zu schlagen.

Andrade

Europa hatte noch nie einen Schwarzen, einen »Neger«, Fußball spielen sehen. Bei den Olympischen Spielen von 1924 begeisterte der Uruguayer José Leandro Andrade mit seinen brillanten Spielzügen. Im Mittelfeld fegte dieser Riese mit dem Gummikörper den Ball nach vorn, ohne je den Gegner zu berühren, und wenn er sich in den Sturm integrierte, ließ er mit seinen flinken Bewegungen die Spieler der gegnerischen Mannschaft einfach stehen. Bei einem der Spiele lief er mit dem schlafenden Ball auf dem Kopf über den halben Platz. Die Zuschauer jubelten ihm zu, die französische Presse nannte ihn »das schwarze Wunder«.

Als die Spiele vorüber waren, beschloß Andrade, noch eine Weile in Paris zu bleiben. Dort lebte er wie ein Bohemien und König der Nachtclubs. Die Lackschuhe ersetzten die Bastschlappen, die er aus Montevideo mitgebracht hatte, und ein Zylinder nahm den Platz der Schiebermütze ein. Die Klatschspalten der Zeitungen jener Jahre zeigen ihn als Herrscher über die Nächte am Pigalle: der geschmeidig tänzelnde Gang, das gewinnende Lächeln, die zusammengekniffenen Augen, die immer wie von weitem blickten, und eine umwerfende Garderobe: Seidentücher, Nadelstreifenanzüge, gelbe Handschuhe und einen Spazierstock mit Silberknauf.

Andrade starb viele Jahre später in Montevideo. Seine Freunde hatten mehrere Benefizspiele für ihn geplant, doch keines davon kam je zustande. Er starb an Tuberkulose und arm wie eine Kirchenmaus.

Es war schwarz, Südamerikaner und bettelarm, das erste internationale Idol im Fußball.

Die Schleifen

Das Zick-Zack-Dribbling der uruguayischen Spieler, die unablässig Achten auf den Rasen zauberten, nannte man *moñas*, zu deutsch »Schleifen«. Die französischen Sportjournalisten wollten hinter das Geheimnis dieser Hexerei kommen, die den Gegner, zur Salzsäule erstarrt, stehen ließ. José Leandro Andrade verriet ihnen mit Hilfe eines Übersetzers die Zauberformel: Die Spieler, so sagte er ihnen, trainierten die Schleifen, indem sie Hühnern nachjagten, die bei ihrer Flucht s-förmige Figuren beschrieben. Die Journalisten glaubten es und veröffentlichten es auch so. Viele Jahre später wurden gute Schleifen im südamerikanischen Fußball immer noch so beklatscht wie Tore. Die Erinnerungen meiner Kindheit sind voll von ihnen. Ich schließe die Augen und sehe zum Beispiel Walter Gómez vor mir, diesen lückenreißenden Wirbelsturm, der sich der gegnerischen Mannschaft zwischen die Beine warf und von Schleife zu Schleife einen Schweif von gefallenen Spielern hinter sich ließ. Von der Tribüne herunter erklang es:
*La gente ya no come
por ver a Walter Gómez,*
zu deutsch ungefähr: *Die Leute lassen alles stehn, woll'n einmal Walter Gómez sehn.*

Er liebte es, den Ball zu *kneten*; und wenn man ihn ihm wegnahm, wurde er böse. Kein technischer Direktor hätte sich getraut, so wie heute zu sagen:
»Geknetet wird nur in der Bäckerei.«
Die Schleife, das war nicht nur eine zulässige Schelmerei: Es war ein überall geforderter Freudenbringer.

Heutzutage sind die Schleifen, diese fußballerischen Kostbarkeiten, verboten oder zumindest als höchst verdächtig argwöhnisch beäugt: Jetzt hält man sie für egoistischen Exhibitionismus, der dem Mannschaftsgeist zuwiderläuft, und sie sind angesichts der eisernen Verteidigungssysteme des modernen Fußballs völlig nutzlos.

Das olympische Tor

Als die Auswahl Uruguays von den Olympischen Spielen 1924 nach Hause zurückkehrte, boten ihr die Argentinier zur Feier des Tages ein Freundschaftsspiel an. Dieses Spiel wurde in Buenos Aires ausgetragen. Uruguay verlor mit einem Tor.

Der Linksaußen Cesáreo Onzari war der Schütze dieses Siegestreffers. Er führte einen Eckstoß aus, und der Ball landete im Netz, ohne daß ihn jemand überhaupt berührt hätte. Es war das erste Mal in der Geschichte des Fußballs, daß ein Tor so geschossen wurde. Die Spieler Uruguays waren stumm vor Schreck. Als sie die Sprache wiederfanden, protestierten sie. Ihrer Ansicht nach war Torwart Mazali bedrängt worden, als der Ball in der Luft war. Der Schiedsrichter ließ ihre Beschwerde nicht zu. Und da maulten sie, Onzari habe gar nicht aufs Tor zu schießen versucht, und der Treffer sei nur dem Wind zu verdanken gewesen.

Als Ehrung oder aus Ironie wurde diese Rarität »olympisches Tor« genannt. Und wird auch heute noch so genannt, die wenigen Male, die sie vorkommt. Onzari verbrachte den Rest seines Lebens damit, zu schwören, sein Treffer sei kein Zufall gewesen. Und obwohl viele Jahre vergangen sind, besteht auch heute noch das Mißtrauen: Jedesmal wenn der Ball nach einem Eckstoß ohne Spielerberührung ins Netz geht, feiern die Zuschauer das Tor mit großem Jubel, doch glauben tun sie es nicht.

Tor durch Piendibene

Es geschah im Jahre 1926. Der Torschütze, José Piendibene, feierte seinen Treffer nicht. Piendibene, ein Mann von außergewöhnlicher Klasse und genauso außergewöhnlicher Bescheidenheit, feierte seine Tore nie, um niemandem zu nahe zu treten.

Der uruguayische Klub »Peñarol« spielte in Montevideo gegen die Mannschaft von »Español« aus Barcelona und fand und fand keine Möglichkeit, an Torwart Zamora vorbeizukommen und einen Treffer zu erzielen. Da kam aus der Verteidigung Uruguays der Ball nach vorn. Anselmo umspielte zwei Gegner, schlug einen Querpaß zu Suffiati und sprintete los, um den Doppelpaß in Empfang zu nehmen. Doch da bot sich Piendibene an, erhielt den Ball, trickste Urquizú aus und stand frei vor dem Tor. Zamora sah, daß Piendibene in die rechte Torecke schießen wollte, und machte einen Satz dorthin. Doch der Ball rührte sich nicht, lag wie schlafend auf dem Fuß: Piendibene gab ihm einen ganz leichten Stups und lenkte ihn damit ins linke Toreck. Zamora schaffte es gerade noch, wie eine Katze in die andere Ecke zu springen, doch er konnte den Ball nur noch mit den Fingerspitzen streifen, zu halten war da nichts mehr.

La chilena – Der Fallrückzieher

Ramón Unzaga erfand diesen Trick, auf dem Fußballplatz des chilenischen Hafens Talcahuano: Mit dem ganzen Körper in der Luft, den Rücken zum Boden, schossen die Beine mit einem plötzlichen Überschlag den Ball nach hinten.

Doch dieses akrobatische Kunststück wurde erst ein paar Jahre später, im Jahre 1927, *la chilena* – zu deutsch etwa »der chilenische Trick« – genannt, als die Mannschaft des Klubs »Colo-Colo« nach Europa reiste und der Stürmer David Arellano es in den Stadien Spaniens zeigte. Die spanischen Sportreporter feierten die unbekannte Kapriole euphorisch und tauften sie auf diesen Namen, weil sie wie die Erdbeeren und der Cueca-Tanz aus Chile gekommen war.

Nach mehreren dieser fliegenden Tore starb Arellano im selben Jahr im Stadion von Valladolid bei einem tödlichen Zusammenstoß mit einem gegnerischen Verteidiger.

Scarone

Vierzig Jahre vor Pelé und Coutinho brachten die Uruguayer Scarone und Cea die gegnerischen Verteidiger mit dem unablässigen Zick-Zack ihres Doppelpaßspiels zur Verzweiflung, kurze Pässe, die auf dem Weg zum Tor von einem zum anderen kamen und gingen, deiner und meiner, kurz und am Fuß, Frage und Antwort, Antwort und Frage: Der Ball sprang hin und zurück, ohne anzuhalten, als ob er von einer Wand abprallte. Und so nannte man in jenen Jahren dieses Sturmspiel vom Río de la Plata: »die Wand«.

Héctor Scarone spielte seine Pässe, wunderschön wie Geschenke, und machte Tore mit einer Treffsicherheit, die er im Training schulte, indem er aus dreißig Meter Entfernung Flaschen umschoß. Und obwohl er eher von kleinem Wuchs war, stieg er bei hohen Bällen höher als alle anderen. Scarone verstand, unter Mißachtung der Gesetze der Schwerkraft in der Luft zu schweben: Wenn er, um den Ball zu erreichen, in die Höhe sprang, löste er sich von seinen Gegnern, machte eine halbe Drehung, die ihn mit dem Gesicht zum Tor brachte, und köpfte zielsicher ein.

Man nannte ihn den »Magier«, weil er von der Mittellinie aus Tore schießen konnte, oder auch den »Gardel des Fußballs«, weil er beim Spielen sang wie sonst niemand.

Tor durch Scarone

Es geschah bei den Olympischen Spielen 1928, im Endspiel um die Goldmedaille.
Die Partie Uruguay gegen Argentinien stand unentschieden, da paßte Píriz zu Tarasconi und lief in den Strafraum. Borjas erhielt den Ball aus der Luft mit dem Rücken zum Tor und köpfte ihm mit dem Ruf: »Deiner, Héctor!« zu Scarone, der ihn direkt aus der Luft nahm und volley einschoß. Der argentinische Torhüter Bossio sprang erst, als der Ball schon ins Netz schlug. Doch der Ball wurde aus dem Netz aufs Spielfeld zurückgeschleudert. Der Mittelstürmer Uruguays, Figueroa, trieb ihn unerbittlich wieder hinein, strafte ihn mit einem Tritt, denn einfach wieder so herauszukommen, das war schlechte Erziehung.

Dunkle Mächte

Ein Spieler Uruguays, Adhemar Canavessi, opferte sich, um seiner Mannschaft nicht durch seine Gegenwart im Endspiel der Olympischen Spiele 1928 in Amsterdam Unglück zu bringen. Uruguay mußte dieses Spiel gegen Argentinien bestreiten. Canavessi beschloß, im Hotel zu bleiben, und stieg aus dem Bus, der die Spieler ins Stadion bringen sollte. Immer, wenn er gegen Argentinien aufgestellt worden war, hatte die uruguayische Auswahl verloren, und beim letzten Mal hatte er sogar ein solches Pech gehabt, daß er ein Eigentor verbroch. Ohne Canavessi gewann Uruguay das Spiel in Amsterdam.

Am Tag zuvor hatte Carlos Gardel für die Argentinier in ihrem Hotel gesungen. Um ihnen Glück zu bringen, hatte er ihnen seinen neuen Tango »Dandy« vorgetragen. Zwei Jahre später wiederholte sich die Geschichte: Gardel sang »Dandy« und wünschte der argentinischen Mannschaft viel Erfolg. Diesmal war es der Vorabend des Weltmeisterschaftsendspiels von 1930, das ebenfalls Uruguay gewann.

Viele beschwören, daß die gute Absicht über jeden Verdacht erhaben war, doch mehr als einer meint, dies sei der untrügliche Beweis, daß Gardel im Grunde Uruguayer war.

Tor durch Nolo

Es war 1929. Die argentinische Auswahl trat gegen Paraguay an.

Nolo Ferreira kam mit einem langen Dribbling über das Spielfeld. Einen nach dem anderen ließ er die gegnerischen Spieler zu Boden gehen und bahnte sich seinen Weg, bis er sich auf einmal allein vor der gesamten Abwehrmauer Paraguays fand. Da blieb Nolo stehen. Und so dort stehend, begann er, den Ball von einem Fuß zum anderen zu tändeln, von dem einen Spann auf den anderen, ohne daß er ein einziges Mal den Boden berührte. Und die Spieler des Gegners drehten den Kopf von rechts nach links, von links nach rechts, alle gleichzeitig, und konnten, als seien sie hypnotisiert, den Blick nicht von diesem Ballpendel lösen. Ewigkeiten dauerte dieses Hin und Her, bis Nolo das Loch in der Mauer fand und plötzlich einschoß: Der Ball flog durch die Mauer und zappelte im Netz.

Die Beamten der berittenen Polizei stiegen von ihren Pferden und beglückwünschten ihn. Im Stadion waren lediglich zwanzigtausend Zuschauer, doch alle Argentinier schwören, dabeigewesen zu sein.

Die Weltmeisterschaft von 1930

Ein Erdbeben erschütterte den Süden Italiens und begrub tausendfünfhundert Neapolitaner, Marlene Dietrich spielte den »Blauen Engel«, Stalin riß endgültig die russische Revolution an sich, der Dichter Wladimir Majakowski beging Selbstmord. Die Engländer warfen Mahatma Gandhi ins Gefängnis, weil er mit seinen Forderungen nach Unabhängigkeit und freiem Vaterland ganz Indien lahmgelegt hatte, während unter der gleichen Fahne Augusto César Sandino die Bauern Nicaraguas in dem anderen Indien, unserem Westindien, aufrührte und die nordamerikanischen *marines* ihn durch den Hunger zu besiegen versuchten und die Felder abbrannten.

In den Vereinigten Staaten tanzte man Boogie-Woogie, doch war die Euphorie der verrückten zwanziger Jahre durch die derben Tiefschläge der Krise von 1929 verschwunden. Die Kurse an der New Yorker Börse waren dramatisch gefallen und hatten bei ihrem Sturz die internationalen Preise ins Bodenlose gerissen und drohten, mehrere lateinamerikanische Regierungen mit in den Abgrund zu ziehen. Im Strudel der Weltwirtschaftskrise stürzte durch den Verfall der Zinnpreise Präsident Hernando Siles von Bolivien, dessen Platz ein General einnahm, während die drastisch fallenden Fleisch- und Weizenpreise in Argentinien Präsident Hipólito Yrigoyen vom Thron stießen und dort ebenfalls einen General hinsetzten. In der Dominikanischen Republik eröffnete der Fall des Zuckerpreises den langen Zyklus der Diktatur von Rafael Leónidas Trujillo, auch er ein General, der seine Regierungszeit damit begann, daß er die Hauptstadt und ihren Hafen auf seinen Namen umtaufte.

In Uruguay sollte der Staatsstreich erst drei Jahre später stattfinden. Im Jahre 1930 hatte das Land nur Augen und Ohren für die 1. Fußballweltmeisterschaft. Die beiden Siege der Mannschaft Uruguays auf den letzten Olympiaden, die beide in Europa stattfanden, hatten das südamerikanische

Land unvermeidlich zum Gastgeber dieses ersten weltweiten Turniers werden lassen.

Zwölf Länder gaben sich in der Hafenstadt Montevideo ihr Stelldichein. Ganz Europa war eingeladen, doch nur vier europäische Mannschaften machten sich die Mühe, den Atlantik zu überqueren:

»Das ist doch so weit weg von allem«, sagte man auf dem alten Kontinent, »und die Überfahrt ist teuer.«

Auf einem Dampfer kam aus Frankreich der Pokal »Jules Rimet«, in Begleitung von Monsieur Jules höchstpersönlich, und der französischen Nationalmannschaft, die wohl oder übel auch mit mußte.

Uruguay weihte mit Pauken und Trompeten ein Riesenstadion ein, das in acht Monaten errichtet worden war. Das Stadion hieß »Jahrhundertstadion«, im Gedenken an den Jahrestag der Verfassung, die ein Jahrhundert zuvor noch den Frauen, Analphabeten und Armen ihre Bürgerrechte verweigert hatte. Auf der Tribüne hatte nicht einmal mehr eine Stecknadel Platz, als Uruguay und Argentinien das Endspiel austrugen. Das Stadion sah aus wie ein Meer aus Filzhüten. Auch die Fotografen trugen solche Hüte und benutzten Stative für ihre Kameras. Die Torhüter trugen Mützen, und der Schiedsrichter schwarze, pluderige Kniebundhosen.

Das Endspiel der Fußballweltmeisterschaft von 1930 war der italienischen Sportzeitung »La Gazzetta dello Sport« nicht mehr als eine Notiz von zwanzig Zeilen wert. Es geschah ja auch nicht mehr und nicht weniger als das, was schon 1928 bei den Olympischen Spielen in Amsterdam stattgefunden hatte: Die beiden Länder vom Río de la Plata beleidigten Europa, indem sie ihm zeigten, wo der beste Fußball der Welt gespielt wurde.

Wie schon 1928, so blieb für Argentinien auch diesmal nur der zweite Platz. Uruguay, das zum Ende der 1. Halbzeit noch mit 1 zu 2 im Rückstand gelegen hatte, gewann das Spiel schließlich mit 4 zu 2 und wurde Weltmeister. Als Bedingung, das Endspiel zu pfeifen, hatte der belgische Schiedsrichter John Langenus eine Lebensversicherung für sich gefordert, doch kam es nur zu ein paar Rangeleien auf der Tribüne. In Buenos Aires allerdings bewarf eine aufgebrachte Menschenmenge nach dem Spiel das Konsulat Uruguays mit Steinen.

Der dritte Platz der Meisterschaft gehörte bei dieser WM den USA, die in ihren Spielerreihen ein paar frisch nationalisierte Schotten zählten, und auf dem vierten Platz landete Jugoslawien.

Kein einziges Spiel ging unentschieden aus. Der Agentinier Stábile führte mit acht Treffern die Torschützenliste an, gefolgt von dem Uruguayer Cea mit fünf Toren. Es war der Franzose Louis Laurent, der das erste Weltmeisterschaftstor in der Geschichte des Fußballs überhaupt schoß, im Spiel gegen Mexiko.

Nasazzi

Nicht einmal die Röntgenstrahlen gingen durch ihn hindurch. Man nannte ihn »den Schrecklichen«.
»Das Spielfeld ist wie ein Trichter«, pflegte er zu sagen. »Und am Ausgang des Trichters liegt der Strafraum.«
Und dort, im Strafraum, führte er das Kommando.
José Nasazzi, Kapitän der Nationalmannschaft Uruguays bei den internationalen Turnieren von 1924, 1928 und 1930, war der erste »Caudillo«, der erste echte Spielführer des uruguayischen Fußballs. Er war der Motor, die Windmühle der gesamten Mannschaft, die im Rhythmus seiner warnenden, schimpfenden, Mut machenden Rufe spielte. Nie hörte jemand von ihm je eine Klage.

Camus

Im Jahre 1930 war Albert Camus der Heilige Petrus, der das Tor der Fußballmannschaft der Universität von Algier hütete. Von Kindesbeinen an hatte er sich daran gewöhnt, als Torwart zu spielen, weil er da am wenigsten seine Schuhe abnutzte. Als Sohn armer Eltern konnte es Camus sich nicht leisten, viel auf dem Platz hin- und herzulaufen: Jeden Abend sah die Großmutter die Sohlen seiner Schuhe nach und verabreichte ihm eine gehörige Tracht Prügel, wenn sie wieder einmal zu sehr abgenutzt aussahen.

Während seiner Jahre als Torwart lernte Camus viele Dinge: »Ich lernte zum Beispiel, daß der Ball nie aus der Richtung kommt, aus der man ihn erwartet. Das hat mir in meinem Leben viel geholfen, vor allem in den großen Städten, wo die Menschen nicht so zu sein pflegen, wie sie behaupten.«

Er lernte auch zu gewinnen, ohne sich für einen Gott zu halten, und zu verlieren, ohne sich wie ein Stück Dreck zu fühlen, beides schwer zu erlangende Erkenntnisse, und er lernte einige Geheimnisse der menschlichen Seele kennen, deren gefährliches Labyrinth er später in seinen Büchern zu bereisen verstand.

Die Unerbittlichen

Einer der Spieler der Weltmeisterschaftsmannschaft Uruguays, *Perucho* Petrone, ging nach Italien. Im Jahre 1931 gab er beim Klub »Fiorentino« seinen Einstand. An jenem Nachmittag schoß er elf Tore.

Er hielt es nicht lange in Italien aus. Zwar wurde er Torschützenkönig der italienischen Meisterschaft, und »Fiorentino« bot ihm an, was er nur haben wollte; doch Petrone wurde des großmäuligen Gehabes des erstarkenden Faschismus bald müde. Überdruß und Heimweh trieben ihn nach Montevideo zurück, wo seine Tore noch ein Weilchen verbrannte Erde hinterließen. Er war noch keine dreißig Jahre alt, da mußte er mit dem Fußballspielen aufhören. Die FIFA sperrte ihn, weil er seinen Vertrag mit »Fiorentino« nicht erfüllt hatte.

Es heißt, Petrone konnte mit einem seiner knallharten Schüsse eine Wand umlegen. Wer weiß, ob's stimmt. Ausreichend bewiesen ist hingegen, daß er Torhüter ohnmächtig schoß und Tornetze durchlöcherte.

Unterdessen schoß am anderen Ufer des Río de la Plata ein Argentinier, Bernabé Ferreyra, seine Tore ebenfalls mit dem Ungestüm eines Besessenen. Die Fans aller Vereine kamen, *la Fiera*, die Bestie, zu sehen, der mit seinen Weitschüssen die Abwehrmauern durchlöcherte und den Ball mitsamt dem Torwart ins Netz trat.

Vor und nach den Spielen und auch während der Halbzeit übertrugen die Lautsprecher einen Tango, der eigens zu Ehren seiner Schußkraft komponiert worden war. Im Jahre 1932 bot die Tageszeitung »Crítica« demjenigen Torhüter viel Geld, der in der Lage wäre, einen Schuß von Bernabé zu halten. Und eines Nachmittags in jenem Jahr mußte sich Bernabé vor den versammelten Sportjournalisten den Stiefel ausziehen, um zu beweisen, daß er in der Stiefelspitze kein Eisenstück versteckt hatte.

Der Profifußball

Obwohl er in der der Krise steckt, gehört der Profifußball immer noch zu den zehn wichtigsten Industrien Italiens. Die jüngsten Justizskandale, *saubere Hände, saubere Füße*, haben die Funktionäre der mächtigsten Vereine in arge Bedrängnis gebracht, doch zieht der italienische Fußball nach wie vor die südamerikanischen Spieler magnetisch an.

Auch in den weit zurückliegenden Zeiten Mussolinis war er schon eine Art Mekka. Nirgendwo auf der Welt wurde soviel gezahlt wie in Italien. Die Spieler brauchten nur zu drohen: »Ich gehe nach Italien«, und dieses Abrakadabra öffnete die Geldbörsen der Klubs. Manche gingen tatsächlich: Die Schiffe nahmen Spieler aus Buenos Aires, Montevideo, São Paulo und Rio de Janeiro mit. Wenn sie keine italienischen Eltern oder Großeltern hatten, gab es in Rom genügend Leute, die ihnen im Handumdrehen welche beschafften, damit sie so schnell wie möglich eingebürgert wurden.

Der Exodus der Spieler war einer der Gründe, warum in unseren Ländern der Profifußball entstand. Im Jahre 1931 wurde der argentinische Fußball professionalisiert, und ein Jahr später der Fußball Uruguays. In Brasilien begann die Herrschaft des Profifußballs im Jahre 1934. Die Antrittsgelder, die früher unter der Hand gezahlt worden waren, wurden legalisiert und der Spieler zum bezahlten Arbeiter gemacht. Sein Vertrag band ihn ganztags und lebenslänglich an den Verein, und er konnte seinen Arbeitsplatz nicht wechseln, wenn sein Klub ihn nicht verkaufte. Der Spieler tauschte seine Energie gegen das Gehalt eines Industriearbeiters, und er wurde zum Gefangenen wie einst der Leibeigene. Allerdings wurde in jenen ersten Jahren im Profifußball noch viel weniger verlangt. Es gab nur zwei Stunden obligatorisches Training pro Woche. In Argentinien zahlte, wer ohne ärztliches Attest dem Training fernblieb, fünf Pesos Strafe.

Die Weltmeisterschaft von 1934

Johnny Weissmüller tat seinen ersten Tarzanschrei, das erste industriell gefertigte Deodorant kam auf den Markt, in Louisiana erschoß die Polizei in einem Kugelhagel Bonnie und Clyde. Bolivien und Paraguay, die beiden ärmsten Länder Südamerikas, bluteten sich im Krieg um das Öl im Chaco im Namen der »Standard Oil« und der »Shell Company« gegenseitig aus. Sandino, der in Nicaragua die *marines* besiegt hatte, fiel einem Mordanschlag zum Opfer, und der Mörder Somoza gründete seine Dynastie. Mao begab sich in einem entlegenen Teil Chinas auf seinen langen Marsch der Revolution. In Deutschland machte sich Hitler zum Führer des Dritten Reiches und erließ das Gesetz zur Erhaltung der Reinheit der deutschen Rasse, das verfügte, Erbkranke und Kriminelle zu sterilisieren, während Mussolini in Italien die 2. Fußballweltmeisterschaft eröffnete.

Die Plakate der Weltmeisterschaft zeigten einen Herkules, der, den Ball am Fuß, den Arm zum faschistischen Gruß hob. Die Weltmeisterschaft von 1934 in Rom war für *il Duce* vor allem eine große Propagandashow. Mussolini sah sich alle Spiele von der Ehrenloge aus an, das Gesicht mit erhobenem Kinn den Tribünen voller Schwarzhemden zugewandt, und die elf Spieler der italienischen Auswahl widmeten ihm ihre Spiele mit ausgestrecktem Arm.

Doch war der Weg zum Sieg nicht leicht für die italienische Mannschaft. Die Begegnung zwischen Italien und Spanien wurde zur härtesten in der Geschichte der Fußballweltmeisterschaften: Zweihundertzehn Minuten dauerte die Schlacht und endete erst am nächsten Tag, nachdem mehrere Spieler durch Verletzungen außer Gefecht gesetzt worden waren oder schlicht und einfach nicht mehr konnten. Italien ging daraus schließlich, trotz vier fehlender Stammspieler, als Sieger hervor. Spanien fehlten am Schluß sieben seiner Stammspieler. Unter den verletzten Spaniern waren die beiden besten: Lángara und Torwart Zamora, der die Gegner im Strafraum hypnotisierte.

Im Stadion der Nationalen Faschistischen Partei bestritt Italien schließlich das Endspiel gegen die Tschechoslowakei. Italien gewann nach Verlängerung mit 2 zu 1. Zwei argentinische Spieler, gerade frisch in Italien eingebürgert, trugen das ihre dazu bei: Orsi schoß das erste Tor, indem er den Torwart austrickste, und ein weiterer Argentinier, Guaita, gab Schiavio die Vorlage zu dem Tor, mit dem Italien seinen ersten Weltmeistertitel errang.

An der Weltmeisterschaft 1934 nahmen sechzehn Länder teil: zwölf europäische, drei amerikanische und Ägypten, einsamer Vertreter der restlichen Welt. Der amtierende Weltmeister Uruguay weigerte sich, nach Rom zu reisen, weil Italien nicht zur 1. Weltmeisterschaft nach Montevideo gekommen war.

Hinter Italien und der Tschechoslowakei belegten Deutschland und Österreich den dritten und vierten Platz. Der tschechoslowakische Spieler Nejedly war mit fünf Treffern Torschützenkönig, gefolgt von dem Deutschen Conen und dem Italiener Schiavio mit je vier Treffern.

Gott und der Teufel in Rio de Janeiro

In einer rabenschwarzen Regennacht, während langsam das Jahr 1937 dahinstarb, vergrub ein gegnerischer Fan auf dem Spielfeld des Klubs »Vasco da Gama« eine Kröte und zischte dabei einen Fluch:

»Vasco soll zwölf Jahre lang nicht Meister werden! Wenn es einen Gott im Himmel gibt, wird Vasco zwölf Jahre nicht mehr Meister!«

Arubinha hieß dieser Anhänger eines unbedeutenden Klubs, den die Mannschaft von »Vasco da Gama« mit 12 zu 0 abgestraft hatte. Indem er auf dem Platz des Siegers eine Kröte mit zugenähtem Maul vergrub, strafte Arubinha diese Beleidigung.

Über Jahre hinweg suchten Anhänger und Funktionäre die Kröte auf dem Platz und in seinem Umfeld. Sie fanden sie nie. Von Löchern übersät, glich das Spielfeld einer Mondlandschaft. Der Klub »Vasco da Gama« nahm die besten Spieler Brasiliens unter Vertrag und stellte die stärksten Mannschaften auf, doch blieb er zum Verlieren verurteilt.

1945 gewann der Klub endlich den Pokal von Rio und brach den Fluch. Das letzte Mal war er 1934 Meister gewesen. Elf Jahre der Dürre:

»Gott hat uns einen kleinen Rabatt gegeben«, erklärte der Vereinspräsident.

Jahre später, 1953, war es die Mannschaft von »Flamengo«,

die in Schwierigkeiten kam, des populärsten Klubs von Rio und von ganz Brasilien, des einzigen, der, egal wo er spielte, immer ein Heimspiel bestritt. Der »Flamengo« hatte neun Jahre lang keine Meisterschaft mehr gewonnen. Die Anhängerschaft, die zahlreichste und heißblütigste der ganzen Welt, kam nahezu um vor Hunger. Da versprach ein katholischer Priester, Pater Goes, den Sieg, wenn die Spieler vor jedem Spiel zur Messe gingen und am Altar einen Rosenkranz beteten.

Auf diese Weise gewann »Flamengo« dreimal hintereinander die Meisterschaft. Die anderen Vereine protestierten bei Kardinal Jaime Câmara: »Flamengo« gebrauche verbotene Waffen. Pater Goes verteidigte sich und bekräftigte, er täte nichts weiter, als den Weg des Herrn zu weisen, und betete für die Spieler weiter seinen Rosenkranz aus roten und schwarzen Perlen, den Farben von »Flamengo« und einer afrikanischen Gottheit, die Jesus und Satan gleichzeitig verkörpert. Doch im vierten Jahr verlor »Flamengo« den Meistertitel wieder. Die Spieler hörten auf, in die Messe zu gehen und beteten den Rosenkranz nicht mehr. Pater Goes bat den Papst um Hilfe, doch er erhielt keine Antwort aus Rom.

Der Pater Romualdo hingegen bekam ausdrücklich die Genehmigung des Papstes, Mitglied beim Klub »Fluminense« zu werden. Der Priester war bei jedem Training dabei. Den Spielern gefiel das überhaupt nicht. Seit zwölf Jahren hatte der »Fluminense« den Pokal von Rio nicht mehr gewonnen, und er schien Unglück zu bringen, dieser komische Vogel mit dem schwarzen Gefieder, der da am Rande des Spielfelds stand. Die Spieler verspotteten ihn, wobei sie nicht wußten, daß Pater Romualdo stocktaub war.

Eines schönen Tages plötzlich begann die Mannschaft von »Fluminense« zu siegen. Sie gewann eine Meisterschaft, und noch eine, und noch eine. Die Spieler wollten gar nicht mehr trainieren, wenn Pater Romualdo nicht dabei war. Nach jedem Tor küßten sie ihm die Soutane. An den Wochenenden nahm der Priester von der Ehrenloge aus an den Begegnungen des Klubs teil und murmelte wer-weiß-was-für-welche Verwünschungen gegen Schiedsrichter und gegnerische Spieler.

Der Ursprung allen Unglücks

Alle Welt weiß, daß es Unglück bringt, auf eine Kröte zu treten, in den Schatten eines Baumes zu treten, unter einer Leiter hindurchzugehen, sich verkehrt herum hinzusetzen, sich verkehrt herum schlafen zu legen, einen Regenschirm im geschlossenen Raum aufzuspannen, sich die Zähne zu zählen oder einen Spiegel zu zerbrechen. Für das Reich des Fußballs jedoch ist die Liste noch viel zu kurz.

Carlos Bilardo, technischer Direktor der argentinischen Mannschaft bei den Weltmeisterschaften von 1986 und 1990, erlaubte nicht, daß seine Spieler Hühnerfleisch aßen, weil es ihnen Unglück brächte, und zwang sie, Rindfleisch zu essen, was ihnen ordentlich Harnsäure brachte.

Silvio Berlusconi, der Besitzer des AC Mailand, verbot, daß die Anhänger die Klubhymne sangen, den traditionellen Chor »Milan, Milan«, denn das verbreite schädliche Wellen, die den Spielern die Beine lähmten, und 1987 ließ er eine neue Klubhymne komponieren, die *»Milan, dei nostri cuori«* getauft wurde.

Freddy Rincón, der schwarze Riese aus der kolumbianischen Auswahl, enttäuschte seine Fans während der Weltmeisterschaft 1994. Er spielte ohne einen Funken Enthusiasmus. Später erfuhr man, daß es nicht an Lust zum Spiel gemangelt, sondern an einem Übermaß an Angst gelegen hatte. Ein Weissager aus Buenaventura, der Gegend an der Küste Kolumbiens, aus der Rincón stammt, hatte ihm die Spielergebnisse vorhergesagt, und genauso, wie er sie geweissagt hatte, fielen sie auch aus, und er hatte ihm angekündigt, daß er sich ein Bein brechen würde, wenn er nicht sehr, sehr aufpaßte. »Hüte dich vor der Gefleckten«, sagte er und meinte damit den Ball, »und vor der Leberkranken und der Blutigen«, was sich auf die gelbe und auf die rote Karte des Schiedsrichters bezog.

Am Vorabend dieser Weltmeisterschaft von 1994 versicherten die italienischen Spezialisten der Geheimwissenschaften, ihr Land würde den Titel nach Hause tragen. »Zahlreiche Hexereien schwarzer Magie werden verhindern, daß Brasilien gewinnt«, tönte im Brustton der Überzeugung das Blatt der »Italienischen Vereinigung für Zauberei«. Das Ergebnis trug nicht gerade zum Ruhm dieses Berufsstandes bei.

Talismane und Glücksbringer

Viele Spieler betreten den Platz mit dem rechten Fuß zuerst und schlagen dabei ein Kreuz. Es gibt auch welche, die laufen gleich zum leeren Tor und schießen den Ball hinein oder küssen die Pfosten. Andere berühren den Rasen und heben die Hand an die Lippen.

Oft sieht man, daß der Spieler ein Medaillon um den Hals trägt oder am Handgelenk ein Band, das magischen Schutz verleihen soll. Wenn er einen Elfmeter verschießt, dann deshalb, weil irgend jemand auf den Ball gespuckt hat. Wenn ein sicherer Ball verschossen wird, dann hat irgendeine Hexerei das gegnerische Tor verbarrikadiert. Wenn er mit seiner Mannschaft das Spiel verliert, dann deshalb, weil er das Trikot aus dem letzten gewonnen Spiel verschenkt hat.

Der argentinische Torwart Amadeo Carrizo hatte bei acht Begegnungen jeden Ball gehalten, dank der Zauberkräfte einer Mütze, die er bei Sonne und Regen nicht vom Kopf nahm. Jene Mütze trieb die Torteufel aus. Eines Nachmittags nahm Ángel Clemente Rojas, Spieler bei »Boca Juniors«, ihm die Mütze weg. Carrizo, seines Talismans beraubt, kassierte zwei Treffer, und die Mannschaft von »River« verlor das Spiel.

Der bekannte spanische Fußballer Pablo Hernández Coronado hat berichtet, daß der Klub »Real Madrid«, als er sein Stadion erweiterte, sechs Jahre lang keine Meisterschaft gewann, bis ein Anhänger den Fluch durchbrach, indem er im Mittelkreis eine Knoblauchzwiebel vergrub. Der berühmte Stürmer des Klubs »Barcelona«, Luis Suárez, glaubte nicht an Flüche und Verwünschungen, dagegen wußte er genau, daß er ein paar Tore schießen würde, wenn er beim Essen den Wein verschüttete.

Um die bösen Geister der Niederlage herbeizurufen, werfen die Fans Salz auf die gegnerische Hälfte. Um sie zu verscheuchen, streuen sie Hände voller Weizen- oder Reiskörner auf die eigene Seite. Andere entzünden geweihte Kerzen, opfern der Erde Schnaps oder werfen Blumen ins Meer. Es gibt Fans, die rufen Jesus von Nazareth an und die armen Seelen, die durch Feuer oder durch Wasser umgekommen oder verloren gegangen sind, und an verschiedenen Orten hat man festgestellt, daß die Lanzen des Heiligen Georg und seines afrikanischen Zwillingsbruders Ogum sehr gut gegen den Drachen des bösen Blickes helfen.

Für freundliche Gefallen bedankt man sich. Die von den Göttern wohlbedachten Fans erklimmen, auf den Knien rutschend und in die Fahne ihres Klubs gehüllt, die Hänge hoher Berge oder verbringen den Rest ihrer Tage damit, die Million Rosenkränze zu murmeln, die sie zu beten geschworen haben. Als die Mannschaft von »Botafogo« 1957 den Meistertitel errang, lief Didí, ohne den Umweg über die Umkleidekabine, direkt vom Platz aus dem Stadion und löste so, in seinem Fußballtrikot, das Gelübde ein, das er zuvor seinem Schutzpatron gegeben hatte: Zu Fuß durchquerte er Rio de Janeiro von einem Ende zum anderen.

Doch verfügen die Schutzheiligen und die Gottheiten nicht immer über ausreichend Zeit, um den vom Pech verfolgten Fußballern zu Hilfe zu eilen. Die Auswahl Mexikos fuhr 1930 bedrückt von pessimistischen Vorhersagen zur Weltmeisterschaft. Am Vorabend des Spiels gegen Frankreich versuchte der mexikanische Trainer, Juan Luqué de Serrallonga, seinen Spielern in ihrem Hotel in Montevideo Mut zu machen: Er versicherte ihnen, die Jungfrau von Guadalupe bete zuhause, auf dem Hügel von Tepeyac, unablässig für sie.

Der Trainer war nicht besonders gut über die vielfältigen Verpflichtungen der Jungfrau unterrichtet. Frankreich schoß vier Tore, und Mexiko wurde Letzter der Meisterschaft.

Erico

Als der Chaco-Krieg in vollem Gange war und die Bauern Boliviens und Paraguays zur Schlachtbank marschierten, spielten die Fußballer Paraguays außerhalb der eigenen Landesgrenzen, um Geld für die vielen Verwundeten aufzubringen, die in einer Wüste ohne Vogelsang und ohne jegliche Spur anderer Menschen verloren waren. So kam auch Arsenio Erico nach Buenos Aires, und er blieb dort. Er, der Paraguayer, wurde Torschützenkönig aller Zeiten in der argentinischen Meisterschaft. Erico schoß pro Saison mehr als vierzig Tore.

Er trug geheime Sprungfedern im Körper versteckt. Wie ein Verhexter sprang er, ohne Anlauf zu nehmen, und sein Kopf stieg immer ein Stückchen höher als die Hände des Torwarts, und je müder seine Beine aussahen, desto härter knallten sie plötzlich den Ball aufs Tor. Oft schoß er mit einem Absatzkick ein. Es gab keine treffsicherere Ferse in der Geschichte des Fußballs.

Wenn Erico keine Tore schoß, dann bot er sie seinen Mannschaftskameraden schußgerecht an. Cátulo Castillo widmete ihm einen Tango:

> *Pasará un milenio sin que nadie*
> *repita tu proeza del pase de taquito o de cabeza.*

Zu deutsch etwa:

> *In tausend Jahren schafft das keiner*
> *deine Pässe mit dem Kopf oder mit den Beinen.*

Und das alles tat er mit der Eleganz eines Tänzers. »Er ist Nijinski«, bekräftigte der französische Schriftsteller Paul Morand, als er ihn spielen sah.

Die Weltmeisterschaft von 1938

Max Theiler entdeckte den Impfstoff gegen das Gelbfieber, es entstand die Farbfotografie, Walt Disney zeichnete den Trickfilm »Schneewittchen«, Eisenstein filmte »Alexander Newski«. Das Nylon, eben von einem Professor aus Harvard erfunden, begann, sich in Fallschirme und Damenstrümpfe zu verwandeln.

Die argentinischen Dichter Alfonsina Storni und Leopoldo Lugones wählten den Freitod. Lázaro Cárdenas verstaatlichte das mexikanische Erdöl und hielt der Blockade und anderen Wutausbrüchen der Westmächte stand. Orson Welles erfand eine Invasion von Marsmenschen in den USA und übertrug sie im Radio, um Leichtgläubige zu erschrecken, während die »Standard Oil Company« forderte, tatsächlich in Mexiko einzumarschieren, um die ketzerische Tat von Cárdenas zu bestrafen und potentielle Nachahmer abzuschrecken.

In Italien wurde das »Manifest über die Rasse« geschrieben, es begannen die antisemitischen Anschläge, Deutschland marschierte in Österreich ein, Hitler beschäftigte sich damit, Juden zu verfolgen und Gebiete anzuschließen. Die englische Regierung zeigte ihren Bürgern, wie man sich vor Giftgas schützte und ließ sie Lebensmittelvorräte anlegen. Franco umzingelte die letzten Bastionen der spanischen Republik, und der Vatikan erkannte seine Regierung an. César Vallejo

starb in Paris, vielleicht, während es regnete, während Sartre »Der Ekel« veröffentlichte. Und hier in Paris, wo Picasso sein Bild »Guernica« ausstellte, das diese schändlichen Zeiten anklagte, wurde unter dem drohenden Schatten des aufziehenden Krieges die 3. Fußballweltmeisterschaft eröffnet. Im Stadion von Colombes führte der französische Präsident Le Brun den Anstoß aus: Er zielte auf den Ball, trat jedoch in den Rasen.

Wie schon das vorige, so war auch dieses Turnier ein rein europäisches. Nur zwei amerikanische, aber elf europäische Mannschaften beteiligten sich daran. Die Auswahl Indonesiens, das damals noch »Holländisch-Indien« genannt wurde, kam als einsame Vertreterin der restlichen Welt nach Paris.

Deutschland hatte für das Turnier fünf Spieler aus dem jüngst angeschlossenen Österreich in die Mannschaft aufgenommen. Die solchermaßen verstärkte deutsche Elf tat von Beginn an, als sei sie unschlagbar, mit dem Hakenkreuz auf der Brust und der gesamten Nazidramaturgie der Macht, doch stolperte und fiel sie gegen die bescheidene Schweiz. Die deutsche Niederlage geschah wenige Tage, bevor die deutsche Überlegenheit in New York einen weiteren harten Schlag bekam, als der schwarze Boxer Joe Louis den deutschen Schwergewichtsmeister Max Schmeling besiegte.

Italien dagegen wiederholte seinen Sieg aus der vorigen Weltmeisterschaft. Im Halbfinale besiegten die *azzurri* Brasilien. Es gab einen zweifelhaften Strafstoß, gegen den die Brasilianer vergeblich protestierten. Wie schon 1934, so waren auch diesmal alle Schiedsrichter Europäer.

Dann kam das Endspiel, das Italien gegen Ungarn bestritt. Für Mussolini war der Sieg eine Frage der Staatsraison. Am Vorabend erhielten die italienischen Spieler aus Rom ein Telegramm, das aus drei Worten bestand und vom Faschistenführer unterzeichnet war: »Siegen oder sterben.« Zu sterben brauchten sie nicht, denn Italien gewann 4 zu 2. Am nächsten Tag trugen die Spieler bei der Siegesfeier mit dem *Duce* Militäruniform.

Die Tageszeitung »Gazzetta dello Sport« rühmte damals »die Ruhmestat des faschistischen Sportes bei diesem Sieg der Rasse«. Kurz zuvor hatte die offizielle italienische Presse schon die Niederlage der brasilianischen Auswahl folgendermaßen gefeiert: »Wir feiern den Triumph der italischen Intelligenz über die rohe Kraft der Neger.«

Unterdessen wählte die internationale Presse die besten Spieler der Meisterschaft, unter ihnen zwei Schwarze, die Brasilianer Leônidas und Domingos da Guia. Leônidas war außerdem mit acht Treffern Torschützenkönig, gefolgt von dem Ungarn Zsengeller mit sieben Toren. Das Schönste seiner Tore schoß Leônidas barfuß im Spiel gegen Polen. Im strömenden Regen hatte er im Schlamm des Strafraums seinen Schuh verloren.

Tor durch Meazza

Es geschah während der Weltmeisterschaft 1938. Im Halbfinale ging es beim Spiel Italien gegen Brasilien um alles oder nichts.

Der italienische Stürmer Piola ließ sich plötzlich fallen, als habe ihn der Blitz getroffen, und mit seinem einzigen lebenden Finger zeigte er auf den brasilianischen Verteidiger Domingos da Guia. Der Schweizer Schiedsrichter glaubte ihm und pfiff Elfmeter. Während die Brasilianer vor Wut aufheulten, Piola aufstand und sich den Staub abklopfte, legte sich Meazza den Ball auf dem Elfmeterpunkt zurecht.

Meazza war der Frauenheld seiner Mannschaft. Klein, dunkel und immer auf eine Eroberung aus, ein eleganter Elfmeterschütze, er pflegte den Kopf zu heben und den Torwart herauszufordern wie der Matador den Stier vor dem tödlichen Stoß. Und seine Füße, so wendig und weise wie zwei Hände, irrten sich niemals. Doch Walter, der brasilianische Torhüter, war gut im Halten von Elfmetern, und er hatte Selbstvertrauen.

Meazza nahm Anlauf, und genau in dem Moment, als er den Schuß ausführen wollte, rutschte ihm die Hose herunter. Die Zuschauer erstarrten vor Verblüffung, der Schiedsrichter verschluckte fast seine Pfeife. Doch Meazza griff, ohne anzuhalten, nach seiner Hose und bezwang den Tormann, den das Lachen entwaffnet hatte.

Das war das Tor, das Italien ins Endspiel der Meisterschaft brachte.

Leônidas

Er hatte die Größe, die Schnelligkeit und den Witz eines Moskitos. Während der Weltmeisterschaft von 1938 zählte ein französischer Sportreporter von der Zeitschrift »Match« sechs Beine an ihm und meinte, diese Menge an Beinen deute auf schwarze Kunst. Ich weiß nicht, ob der französische Journalist auch bemerkt hatte, daß die vielen Beine von Leônidas sich außerdem mehrere Meter strecken konnten und sich auf teuflische Weise bogen oder verknoteten.

Leônidas da Silva betrat den Platz an dem Tage, als Artur Friedenreich, schon über vierzig, ihn verließ. Er erhielt das Zepter vom Altmeister. Schon nach kurzer Zeit hießen Zigaretten- und Schokoladenmarken nach ihm. Er bekam mehr Briefe als ein Filmstar: In den Briefen bat man um ein Foto, ein Autogramm oder einen Arbeitsplatz in der öffentlichen Verwaltung.

Leônidas machte viele Tore und zählte sie nie. Einige davon schoß er aus der Luft, mit wirbelnden Beinen, den Kopf nach unten und den Rücken zum Tor: Er war sehr geschickt in der Akrobatik des Fallrückziehers, den die Brasilianer *bicicleta*, Fahrrad, nennen.

Leônidas' Tore waren von einer solchen Schönheit, daß sogar der besiegte Torwart aufstand, um ihn zu beglückwünschen.

Domingos

Im Osten die Chinesische Mauer. Im Westen Domingos da Guia.

Es gab keinen solideren Verteidiger in der langen Geschichte des Fußballs. Domingos wurde mit den Klubs von vier Städten Meister, Rio de Janeiro, São Paulo, Montevideo und Buenos Aires, und in allen vieren bejubelte man ihn: Wenn er spielte, füllten sich die Stadien.

Früher hatten die Verteidiger wie Briefmarken an den Stürmern geklebt und sich so schnell wie möglich wieder vom Ball getrennt und ihn in den Himmel geschossen, als verbrenne er ihnen die Füße. Domingos dagegen ließ den Gegner vorbeiziehen, fruchtloser Angriff, um ihm dabei den Ball wegzuschnappen, und dann nahm er sich alle Zeit der Welt, um ihn aus der Gefahrenzone zu befördern. Ein Mann von unerschütterlicher Ruhe, tat er alles mit unschuldigem Pfeifen und Blicken zur Seite. Die Schnelligkeit verachtete er. Er spielte in Zeitlupe, ein Meister der Spannung, Genießer der Langsamkeit: *domingada*, so nannte man die Kunst, in aller Ruhe den Strafraum zu verlassen, wie er das tat, und sich ohne Hast und wider Willen von der ledernen Kugel zu trennen, weil es ihm leid tat, ohne sie zu sein.

Domingos und sie

Die hier, die Lederkugel, die hat mir viel geholfen. Sie und ihre Schwestern, nicht wahr? Sie sind eine Familie, der ich viel Dank schulde. Auf meiner Reise über diese Erde war sie das Wichtigste. Denn ohne sie kann niemand spielen. Ich habe in der Bangú-Fabrik angefangen. Habe geschuftet und geschuftet, bis ich meine Freundin fand. Und ich bin sehr glücklich gewesen mit ihr.

Ich habe die ganze Welt kennengelernt, bin viel gereist, habe viele Frauen gehabt. Die Frauen sind auch was Hübsches, nicht?

(aufgezeichnet von Roberto Moura)

Tor durch Atilio

Es geschah im Jahre 1939. Im Spiel der Mannschaften von »Nacional« aus Montevideo und »Boca Juniors« aus Buenos Aires stand es unentschieden, und die Partie ging ihrem Ende zu. Die Spieler von »Nacional« griffen an; die von »Boca Juniors« hielten stand, so gut sie konnten. Da bekam Atilio García den Ball zugespielt, sah sich vor einem Dschungel aus Beinen, ging auf den rechten Flügel und schluckte gegnerfressend das Spielfeld.

Atilio war es gewohnt, daß man ihn umrempelte. Man trat ihn zusammen, so daß seine Beine von Narben übersät waren. An jenem Nachmittag fing er sich auf dem Weg zum Tor harte Tritte von Angeletti und Suárez ein, und er leistete es sich, sie zweimal auszutricksen. Valussi zerriß ihm das Trikot und hielt ihn am Arm fest, und der dicke Ibañez stellte sich ihm im vollen Lauf entgegen, doch der Ball war ein Teil von Atilios Körper, und niemand konnte diesen Wirbelwind aufhalten, der die Spieler umwarf, als seien sie Kegel, bis sich Atilio schließlich vom Ball trennte und sein Schuß im Netz zappelte.

Die Luft roch nach Schwarzpulver. Die Spieler von »Boca« umringten den Schiedsrichter: Sie forderten, daß das Tor annulliert werde, wegen der Fouls, die *sie selbst* begangen hatten. Weil der Pfeifenmann ihnen kein Gehör schenkte, gingen die Spieler beleidigt vom Platz.

Der perfekte Kuß will einzig sein

Es sind der Argentinier viele, die da schwören, die Hand über dem Herzen, daß es Enrique García, »das Krummbein«, war, der Linksaußen von »Racing«. Und es sind der Uruguayer genausoviele, die, die Finger auf den Lippen zum Kreuz geformt, beschwören, es war Pedro Lago, »der Viehtreiber«, die Sturmspitze von »Peñarol«. Vielleicht war es der eine, vielleicht war es der andere, vielleicht waren es alle beide.

Vor einem halben Jahrhundert oder mehr, wenn Lago oder García ein perfektes Tor schossen, eines von jenen, die den Gegner wie gelähmt vor Wut oder Bewunderung dastehen lassen, dann holten sie selbst den Ball aus dem Netz und gingen, ihn unter den Arm geklemmt, den gleichen Weg noch einmal zurück, Schritt für Schritt, mit schleppendem Gang: So verwischten sie, den Staub aufwirbelnd, ihre Spur, damit niemand ihren Spielzug nachahmen konnte.

Die Maschine

Anfang der vierziger Jahre hatte der argentinische Klub »River Plate« eine der besten Mannschaften in der Geschichte des Fußballs.

»Einige steigen ein, andere steigen aus, alle kommen nach oben, alle gehen nach unten«, erklärte Carlos Peucelle, einer der Väter der Taktik. In dauerndem Kreislauf wechselten die Spieler ständig untereinander die Plätze, die Verteidiger griffen an, die Stürmer verteidigten: »An der Tafel wie auf dem Spielfeld«, sagte Peucelle, »ist unser taktisches Spielschema nicht das tradtionelle 1-2-3-5, sondern das 1-10.«

Obwohl alle alles machten, stach bei dieser Mannschaft von »River« der Sturm besonders hervor. Muñoz, Moreno, Pedernera, Labruna und Loustau spielten nur achtzehnmal zusammen, doch reichte das, um Geschichte und bis heute noch von sich Reden zu machen. Die fünf konnten blind spielen, sie verständigten sich durch Pfiffe: Pfeifend fanden sie den Weg über das Spielfeld, und pfeifend riefen sie nach dem Ball, der ihnen freudig folgte wie ein Hund, ohne sich jemals zu verlaufen.

Die Zuschauer gaben dieser legendären Mannschaft den Namen »die Maschine«, wegen der Präzision ihrer Spielzüge. Das war ein zweifelhaftes Lob, denn sie hatten nichts von mechanischer Kälte, diese Stürmer, die sich am eigenen Spiel erfreuten und vor lauter Spaß vergaßen, aufs Tor zu schießen. Gerechter waren die Fans schon, wenn sie sie »die Ritter der Angst« nannten, denn diese Spaßvögel ließen ihre Anhänger erst einmal ordentlich schwitzen, bevor sie ihnen die Erleichterung des Tors schenkten.

Moreno

Man nannte ihn den *charro*, weil er aussah wie ein mexikanischer Filmschauspieler, doch hatte seine Laufbahn auf den Wiesen neben den Flüßchen von Buenos Aires begonnen.

José Manuel Moreno, dem beliebtesten der Spieler der »Maschine« von »River Plate«, machte es Spaß, zu täuschen: Seine Piratenbeine drehten sich hierher, liefen jedoch nach dort, sein Banditenkopf versprach dem rechten Pfosten das Tor, doch köpfte er am linken ein.

Wenn ein Gegner ihn umlief, stand Moreno wieder auf, ohne zu protestieren und ohne um Hilfe zu bitten, und so verletzt er auch sein mochte, spielte er immer noch weiter. Er war stolz und großmäulig und streitsüchtig, fähig, sich mit dem kompletten gegnerischen Fanlager anzulegen, und auch mit dem eigenen, das ihn bewunderte, doch die schlechte Angewohnheit hatte, ihn jedesmal zu beschimpfen, wenn die Mannschaft von »River« verlor.

Er mochte die Milonga-Musik, hatte viele Freunde, und weil er ein Nachtschwärmer war, fand ihn der anbrechende Tag oft genug in irgendeinen Frauenschopf gewickelt oder auf irgendeine Theke gestützt.

»Der Tango«, so sagte er, »ist das beste Training: du bewegst dich im Rhythmus, wechselst ihn im Lauf, drehst dich von links nach rechts, arbeitest mit der Taille und mit den Beinen.«

Sonntagmittags verschlang er vor jedem Spiel eine Schüssel Hühnersuppe und leerte mehr als eine Flasche Rotwein. Die Funktionäre von »River Plate« befahlen ihm, mit diesem Lebenswandel, der eines Profisportlers unwürdig sei, aufzuhören. Er tat sein Bestes. Eine ganze Woche lang ging er früh schlafen, trank nichts weiter als Milch und spielte daraufhin das schlechteste Spiel seines Lebens. Als er zu seinem alten Lebensstil zurückkehrte, stellte ihn der Verein nicht mehr auf. Seine Mannschaftskameraden streikten aus Solidarität mit dem unverbesserlichen Lebenskünstler, und »River Plate« mußte neun Spieltage lang mit Ersatzspielern antreten.

Lob des Feierns: Moreno war einer der am längsten aktiven Spieler in der Geschichte des Fußballs. Zwanzig Jahre lang spielte er in der 1. Liga bei verschiedenen Vereinen in Argentinien, Mexiko, Chile, Uruguay und Kolumbien. 1946, als er aus Mexiko zurückkehrte, paßte die Fangemeinde von »River Plate«, verrückt danach, wieder seine Finten und Tricks zu sehen, nicht ins Stadion. Seine Anhänger rissen die Zäune nieder und liefen aufs Spielfeld: Er schoß drei Tore, und man trug ihn auf den Schultern vom Platz. 1952 bekam er ein sauberes Angebot des Klubs »Nacional« aus Montevideo, doch er zog es vor, bei einem anderen Verein Uruguays, »Defensor«, zu spielen, einem kleinen Verein, der wenig oder nichts zahlen konnte, doch bei dem seine Freunde waren. In jenem Jahr bewahrte Moreno die Mannschaft von »Defensor« vor dem Abstieg.

Im Jahre 1961, als er schon nicht mehr aktiv spielte, war er technischer Direktor beim Klub von Medellín in Kolumbien. Die Mannschaft von Medellín war dabei, ein Spiel gegen die Argentinier von »Boca Juniors« zu verlieren, und fanden einfach nicht den Weg ins Tor. Da zog sich Moreno, der inzwischen 45 Jahre alt war, noch einmal das Trikot an, lief auf den Platz, machte zwei Tore, und Medellín gewann das Spiel.

Pedernera

Ich habe einen Elfmeter gehalten, der in die Geschichte von Leticia eingehen wird«, berichtete in seinem Brief aus Kolumbien ein junger Argentinier. Er hieß Ernesto Guevara und war damals noch nicht der »Che«. 1952 war er auf Abenteuerreise quer durch Amerika. Am Ufer des Amazonas, im Dorfe Leticia, trainierte er die Fußballmannschaft. Seinen Reisegefährten nannte Guevara »Pedernerita«, kleiner Pedernera. Er hätte ihm kein größeres Lob zollen können.

Adolfo Pedernera war die Achse der »Maschine« von »River Plate« gewesen. Dieses Ein-Mann-Orchester nahm alle Positionen gleichzeitig ein, von einem Flügel des Sturms zum anderen. Aus der Verteidigung heraus organisierte er den Angriff, schlug millimetergenaue Pässe, überraschte im Antritt; in der Sturmspitze heizte er dem Torwart ein.

Die Lust am Fußballspielen kitzelte seinen Körper. Er hätte sich gewünscht, daß das Spiel nie aufhörte. Wenn es dunkel wurde, versuchten ihn die Funktionäre vergeblich dazu zu bewegen, mit dem Trainieren aufzuhören. Sie wollten ihn vom Ball losreißen, doch es gelang ihnen nicht, weil der Ball sich weigerte, ihn loszulassen.

Tor durch Severino

Es geschah im Jahre 1943. »Boca Juniors« spielte gegen die »Maschine« von »River Plate«, das klassische Duell des argentinischen Fußballs.

»Boca« lag mit einem Tor im Rückstand, als der Schiedsrichter ein Foul am Rande des Strafraums pfiff. Sosa führte den Freistoß aus. Er schoß nicht direkt aufs Tor, sondern flankte hoch in die Mitte, auf den Kopf von Severino Varela. Doch der Ball landete zu weit vorn. Die Verteidigung von »River« hatte leichtes Spiel, Severino war weit weg; da stieg der Sturmveteran vom Boden auf, flog durch die Luft und zwischen mehreren Verteidigern hindurch und feuerte einen Kopfball ab, der den Torwart alt aussehen ließ.

Die Fans nannten ihn »Tarnkappe«, weil er meist ohne Einladung und völlig unvorhersehbar in den Torraum geflogen kam. Severino hatte schon ein paar Jährchen auf dem Buckel und einen großen Namen im uruguayischen Klub »Peñarol«, als er mit seinem spitzbübischen Gesicht und seiner weißen Baskenmütze auf dem Kopf nach Buenos Aires kam.

In der Mannschaft von »Boca« glänzte er. Doch jeden Sonntagabend nach dem Spiel nahm Severino die Fähre und fuhr nach Montevideo zurück, in sein Viertel, zu seinen Freunden und zu seiner Arbeit in der Fabrik.

Raketen und Kanonenschläge

Während der Krieg die Welt bedrängte, kündigten die Zeitungen von Rio de Janeiro ein Bombardement Londoner Ausmaßes auf dem Platz des Klubs »Bangú« an. Mitte des Jahres 1943 rückte das Spiel gegen die Mannschaft von São Cristovão näher, und die Fans von »Bangú« wollten ein Feuerwerk von viertausend Raketen abbrennen, das größte Feuerwerk in der Geschichte des Fußballs.

Als die Spieler von Bangú auf den Platz liefen und Blitz und Donner aus Schwarzpulver losgingen, hielt der technische Direktor von São Cristovão seine Spieler in der Kabine zurück und ließ sie sich Wattebäusche in die Ohren stopfen. Während das Feuerwerk dauerte, und es dauerte lang genug, bebte der Boden in der Kabine, und es bebten die Wände und auch die Spieler: Zusammengekauert, das Gesicht in den Händen, die Zähne aufeinander- und die Augen zugepreßt, so saßen die Spieler da und meinten, der Weltkrieg sei auch über sie hereingebrochen. Zitternd kamen sie danach auf den Platz. Wer keinen epileptischen Anfall hatte, den schüttelte es wie im Malariafieber. Der Himmel war schwarz vom Pulverdampf. Die Mannschaft von Bangú gewann haushoch.

Wenig später sollten die Mannschaften von Rio de Janeiro und São Paulo gegeneinander antreten. Und wieder sah es nach Krieg aus, und die Zeitungen kündigten einen neuen Angriff auf Pearl Harbour, eine Belagerung von Leningrad und andere Katastrophen an. Die Spieler von São Paulo wußten, daß sie in Río der wildeste Lärm erwartete, den sie je gehört hatten. Da hatte der technische Direktor von São Paulo eine zündende Idee: Anstatt sich in der Kabine zu verbarrikadieren, sollten die Spieler zur gleichen Zeit wie die Cariocas, die Spieler von Rio, auf den Platz laufen, damit das Feuerwerk, statt sie zu erschrecken, zu ihrer Begrüßung toste.

Und so geschah es auch, doch São Paulo verlor dennoch mit 6 zu 1.

Der Mann, der Eisen in Wind verwandelte

Eduardo Chillida war Torwart beim Klub »Real Sociedad«, in der baskischen Stadt San Sebastián. Mager und hochgewachsen, hatte er eine sehr eigene Art, Tore zu halten, und der Klub von Barcelona und »Real Madrid« hatten schon ein Auge auf ihn geworfen. Die Kenner meinten, dieser junge Mann könne das Erbe von Zamora antreten.

Doch das Schicksal hatte andere Pläne. Im Jahre 1943 zertrümmerte ihm ein gegnerischer Stürmer, der seinen Nachnamen »Sañudo«, der Rasende, anscheinend zu Recht trug, den Meniskus an beiden Knien und auch sonst noch einiges. Nach fünf Operationen verabschiedete sich Chillida vom Fußball, und es blieb ihm nichts anderes übrig, als Bildhauer zu werden.

So wurde einer der großen Künstler des Jahrhunderts geboren. Chillida arbeitete mit schweren Materialien, solchen, die tief in den Boden einsinken, doch hoch in die Luft warfen seine kräftigen Arme Eisen und Zement, wo sie im Flug andere Räume entdeckten und andere Dimensionen schufen. Früher hatte er im Fußball das gleiche mit seinem Körper getan.

Sozialtherapie

Enrique Pichon-Rivière verbrachte sein ganzes Leben damit, in die Geheimnisse der menschlichen Seele einzudringen und die Käfige der Beziehungslosigkeit zu durchbrechen.

Im Fußball fand er einen phantastischen Verbündeten. Irgendwann in den vierziger Jahren stellte Pichon-Rivière mit seinen Patienten im Irrenhaus eine Fußballmannschaft auf. Die Verrückten, unschlagbar auf den Plätzen an der argentinischen Küste, unterzogen sich spielend der bestmöglichen Sozialisationstherapie.

»Die Strategie der Fußballmannschaft ist meine vordringlichste Aufgabe«, sagte der Psychiater, der gleichzeitig Trainer und Sturmspitze der Elf war.

Ein halbes Jahrhundert später sind wir alle, Bewohner der großen Städte, mehr oder weniger verrückt, selbst wenn wir aus Platzgründen fast alle außerhalb des Irrenhauses wohnen. Von den Autos ver- und von der tagtäglichen Gewalt bedrängt, zur Beziehungslosigkeit verdammt, hocken wir immer enger aufeinander und sind gleichzeitig immer einsamer und haben von Tag zu Tag weniger Räume der Begegnung und weniger Zeit, uns zu begegnen.

Im Fußball wie bei allem anderen sind die Konsumenten viel zahlreicher als die Produzenten. Beton bedeckt heute die leeren Grünflächen, wo man einst jederzeit ein kleines Spielchen austragen konnte, und die Arbeit hat die Zeit zum Spielen verschlungen. Die Mehrheit der Leute spielt nicht, sondern sieht zu, wie gespielt wird, am Fernsehgerät oder von der immer weiter vom Spielfeld entfernten Tribüne aus. Der Fußball ist, wie der Karneval, zum Massenspektakel geworden. Doch so, wie es auch im Karneval diejenigen gibt, die auf die Straße springen und tanzen, nachdem sie die professionellen Tänzer singen und tanzen gesehen haben, fehlen auch im Fußball nicht die Zuschauer, die ab und zu zu Spielern werden, aus reiner Lust an der Freud, nicht nur die Profis zu sehen und zu bewundern. Und das sind nicht nur die Kinder: Wohl oder übel und so weit der Bolzplatz, die Freunde aus dem Viertel oder die Kollegen aus Fabrik, Büro oder Fakultät auch weg sein mögen, es findet sich immer irgendein Weg, sich ein Weilchen mit dem Ball zu vergnügen, bis alle vor Erschöpfung nicht mehr können, und dann trinken und rauchen und essen Sieger und Besiegte gemeinsam, wie es sich gehört, schwelgen in Genüssen, die dem Profifußballer verwehrt sind.

Manchmal nehmen auch die Frauen daran teil und schießen ihre Tore, obwohl Machotraditionen sie üblicherweise von diesen Festen der menschlichen Kommunikation ausschließen.

Tor durch Martino

Es geschah im Jahre 1946. Die Mannschaft des Klubs »Nacional« aus Uruguay führte gegen die Argentinier von »San Lorenzo« und machte gegen die Bedrohung durch die Spieler René Pontoni und Rinaldo Martino die Abwehr dicht. Diese beiden Spieler waren dafür bekannt, daß sie den Ball zum Sprechen brachten, und sie hatten die schlechte Angewohnheit, Tore zu schießen.

Martino stieß zur Strafraumgrenze vor. Dort zögerte er und tändelte mit dem Ball herum. Es sah aus, als habe er alle Zeit der Welt. Plötzlich tauchte Pontoni wie der Blitz auf dem rechten Flügel auf. Martino blieb stehen, hob den Kopf, sah zu ihm hin. Da warfen sich die Verteidiger von »Nacional« geschlossen auf Pontoni, und während die Hunde dem Hasen nachjagten, drang Martino in aller Ruhe in den Strafraum ein, umspielte den einsam dastehenden Torwart und schoß zum Tor ein.

Das Tor war Martinos Tor, doch war es auch Pontonis Tor, der so gut zu täuschen verstanden hatte.

Tor durch Heleno

Es geschah im Jahre 1947. »Botafogo« gegen »Flamengo«, in Rio de Janeiro. Heleno de Freitas, Stürmer bei »Botafogo«, machte mit der Brust einen Treffer.

Heleno stand mit dem Rücken zum Tor. Der Ball kam aus der Luft. Heleno nahm ihn mit der Brust an und drehte sich um, ohne ihn fallen zu lassen. Mit dem Körper nach hinten gebogen, den Ball immer noch auf der Brust, stand er da. Zwischen ihm und der Torlinie, eine Menschenmenge. Im Strafraum von »Flamengo« standen mehr Spieler, als es Menschen in ganz Brasilien gab. Fiele der Ball auf den Boden, wäre er verloren. Und da marschierte Heleno los, den Körper immer noch nach hinten gebogen, und mit dem Ball auf der Brust durchquerte er seelenruhig die gegnerische Abwehr. Niemand konnte ihm den Ball abnehmen, ohne ein Foul zu begehen, und sie befanden sich im Torraum. Als er schon fast auf der Torlinie stand, richtete Heleno sich auf. Der Ball fiel ihm vor die Füße. Er schob ihn ins Netz.

Heleno de Freitas lief herum wie ein Zigeuner, hatte das Gesicht von Rodolfo Valentino und die Laune eines tollwütigen Hundes. Auf dem Platz blühte er auf.

Eines Nachts verlor er all sein Geld im Kasino. In einer anderen Nacht verlor er, Gott weiß wo, all seine Lust zu leben. Und in der letzten Nacht starb er im Delirium im Armenhaus.

Die Weltmeisterschaft von 1950

Das Farbfernsehen wurde erfunden, die Computer rechneten tausend Summen pro Sekunde, Marilyn Monroe tauchte in Hollywood auf. Ein Film von Buñuel, »Die Vergessenen«, setzte sich in Cannes durch. Der Rennwagen von Fangio siegte in Frankreich, Bertrand Russell bekam den Nobelpreis. Neruda veröffentlichte seinen »Canto General«, und es erschienen die ersten Ausgaben von »Das kurze Leben« von Juan Carlos Onetti und von »Das Labyrinth der Einsamkeit« von Octavio Paz.

Albizu Campos, der lange für die Unabhängigkeit Puerto Ricos gekämpft hatte, wurde in den Vereinigten Staaten zu 69 Jahren Gefängnis verurteilt. Ein Spitzel verriet Salvatore Giuliano, den legendären Banditen des italienischen Südens, der darauf im Kugelhagel der Polizei umkam. In China tat die Regierung Maos ihre ersten Schritte und verbot Polygamie und Kinderhandel. Die nordamerikanischen Truppen landeten unter UN-Flagge mit Feuer und Schwert auf der koreanischen Halbinsel, während die Fußballer der Welt nach der langen Pause der Kriegsjahre in Rio de Janeiro landeten, um zum vierten Male um den Rimet-Pokal zu kämpfen.

Sieben amerikanische Länder und sechs europäische Nationen, eben aus den Trümmern wiedererstanden, nahmen 1950 an dem Turnier in Brasilien teil. Die FIFA untersagte, daß Deutschland mitspielte. Zum ersten Mal war England bei einer Weltmeisterschaft dabei. Bis dahin hatten die Engländer nicht geglaubt, daß solche Scharmützel ihrer schlaflosen Nächte würdig seien. Die englische Auswahl schied, man glaubt es kaum, gegen die Vereinigten Staaten aus, und das Siegestor der Nordamerikaner war nicht das Werk von General George Washington, sondern eines schwarzen haitianischen Mittelstürmers namens Larry Gaetjens.

Brasilien und Uruguay standen sich schließlich im Endspiel im Stadion von Maracaná gegenüber. Der Gastgeber weihte mit dieser WM das größte Stadion der Welt ein. Brasilien galt als sicherer Sieger, das Endspiel wurde ein großes Fest. Die brasilianischen Spieler, die alle ihre Gegner haushoch deklassiert hatten, bekamen am Vorabend des Spiels jeder eine goldene Uhr, auf deren Rückseite die Worte *Den Weltmeistern* eingraviert waren. Die ersten Seiten der Tageszeitungen waren schon im voraus gedruckt, der riesige Karnevalswagen, der den Festzug anführen sollte, war fertiggestellt, man hatte eine halbe Million T-Shirts verkauft, die in großen Buchstaben den unausweichlichen Sieg feierten.

Als der Brasilianer Friaça das erste Tor schoß, erschütterten ein Schrei aus zweihunderttausend Kehlen und zahllose abgefeuerte Raketen das riesige Stadion. Doch dann erzielte

Schiaffino den Ausgleich, und ein diagonaler Schuß von Ghiggia brachte Uruguay in Führung, das schließlich mit 2 zu 1 den Titel gewann. Beim Tor von Ghiggia brach im Stadion von Maracaná Schweigen aus, das tosendste Schweigen in der Geschichte des Fußballs, und Ary Barroso, der Musiker, der »*Aquarela do Brasil*« komponiert hatte und der im Radio das Spiel für das ganze Land kommentierte, beschloß, nie mehr ein Fußballspiel zu kommentieren.

Nachdem das Spiel abgepfiffen war, bezeichneten die brasilianischen Sportreporter die Niederlage als »die schlimmste Tragödie in der Geschichte Brasiliens«. Jules Rimet irrte verloren über das Spielfeld, unter dem Arm hielt er den Pokal, der seinen Namen trug:

»Ich fand mich allein, den Pokal im Arm, und wußte nicht, was ich tun sollte. Schließlich fand ich den uruguayischen Mannschaftskapitän Obdulio Varela und überreichte ihm den Pokal beinahe heimlich. Ich gab ihm die Hand, ohne ein Wort zu sagen.«

In der Tasche hatte Rimet das Manuskript der Rede, die er zu Ehren des Siegers Brasilien geschrieben hatte.

Uruguay hatte einen sauberen Sieg erstritten: Seine Mannschaft beging elf Regelverstöße, die brasilianische 21.

Den dritten Platz errang Schweden, den vierten Spanien. Der Brasilianer Ademir führte die Torschützenliste an, mit neun Treffern, gefolgt von dem Uruguayer Schiaffino mit sechs und dem Spanier Zarra mit fünf.

Obdulio

Ich war noch ein Kind und begeisterter Fußballfan, und wie alle Uruguayer hing auch ich am Radio und folgte dem Weltmeisterschaftsendspiel. Als die Stimme von Carlos Solé die traurige Nachricht vom brasilianischen Tor verkündete, rutschte mir das Herz in die Hosen. Da rief ich den Mächtigsten meiner Freunde an. Ich versprach Gott alle möglichen Opfer, wenn er dafür nur im Stadion von Maracaná auftauchte und das Spiel wendete.

Nie habe ich mich an all das erinnern können, was ich versprach, und deshalb konnte ich es auch nicht erfüllen. Außerdem war der Sieg Uruguays vor der größten Menschenmenge, die jemals einem Fußballspiel beiwohnte, zweifellos ein Wunder, jedoch ein Wunder, das eher das Werk eines Sterblichen aus Fleisch und Blut namens Obdulio Varela war. Obdulio hatte das Spiel eingefroren, als wir dabei waren, überrollt zu werden, und dann hatte er sich ganz allein die gesamte Mannschaft aufgeladen und gegen Wind und Wellen nach vorn getragen.

Am Ende jenes Tages bedrängten die Journalisten den Helden. Doch er schlug sich nicht an die Brust und tönte, wir sind die Besten, und keiner kann es mit Uruguay aufnehmen:

»Das war Zufall«, murmelte Obdulio nur und schüttelte dabei den Kopf. Und als man ihn fotografieren wollte, drehte er den Fotografen den Rücken zu.

Diese Nacht verbrachte er biertrinkend Arm in Arm mit den Besiegten an den Theken der Bars von Rio de Janeiro. Die Brasilianer weinten. Niemand erkannte ihn. Am folgenden Tag floh er vor der Menge, die ihn auf dem Flughafen von Montevideo erwartete, wo sein Name in riesigen Leuchtbuchstaben strahlte. Im Tumult machte er sich davon, als Humphrey Bogart verkleidet, den Hut tief ins Gesicht gezogen, den Mantelkragen hochgeschlagen.

Als Belohnung für den Sieg verliehen sich die uruguayischen Sportfunktionäre selber Goldmedaillen. Den Spielern gab man Medaillen aus Silber und ein bißchen Geld. Das, was Obdulio bekam, reichte gerade, um einen Ford Baujahr 31 zu kaufen, der ihm nach einer Woche gestohlen wurde.

Barbosa

Als es darum ging, den besten Torhüter der WM von 1950 zu wählen, entschieden sich die Sportreporter einstimmig für den Brasilianer Moacyr Barbosa. Barbosa war ohne jeden Zweifel auch der beste Torwart seines Landes, Beine mit Sprungfedern, ein ruhiger, sicherer Mann, der seiner Mannschaft Vertrauen gab, und das blieb er auch, bis er sich viel später, mit über vierzig Jahren, vom Fußball zurückzog. In all seinen aktiven Jahren hielt Barbosa wer weiß wieviele Tore, ohne jemals einen gegnerischen Stürmer zu verletzen.

Doch in jenem Endspiel von 1950 hatte ihn der uruguayische Stürmer Ghiggia mit einem sicheren Schuß von der rechten Seite überrascht. Barbosa, der ein Stück vor dem Tor stand, machte einen Satz nach rückwärts, streifte den Ball und ging zu Boden. Als er sich wieder erhob, im sicheren Gefühl, den Schuß neben das Tor gelenkt zu haben, sah er den Ball im Netz zappeln. Und dies war das Tor, das das Stadion von Maracaná in dumpfes Schweigen versinken ließ und Uruguay zum Weltmeister von 1950 machte.

Die Jahre vergingen, doch Barbosa wurde nie verziehen. Im Jahre 1993, während der Ausscheidungsspiele zur Weltmeisterschaft in den Vereinigten Staaten, wollte er der brasilianischen Auswahl moralische Unterstützung geben. Er fuhr zum Trainingslager, doch die Funtionäre gewährten ihm keinen Einlaß. In jenen Tagen wohnte er im Hause einer Schwägerin und lebte von einer armseligen Rente. Barbosa klagte:

»In Brasilien ist die Höchststrafe für ein Verbrechen 30 Jahre. Doch ich zahle jetzt schon 43 Jahre für ein Verbrechen, das ich nicht einmal begangen habe.«

Tor durch Zarra

Es geschah bei der Weltmeisterschaft von 1950. Spanien bedrängte England, dessen Mannschaft nur ab und zu und von weitem den einen oder anderen Schuß aufs Tor versuchen konnte.

Der linke Läufer Gaínza rollte auf seiner Seite den Platz auf, ließ die halbe Abwehr stehen und schoß in die Mitte hinein, vors Tor. Der Verteidiger Ramsey konnte den Ball gerade noch berühren, doch da tauchte Zarra auf und knallte ihn gegen den linken Innenpfosten.

Telmo Zarra, spanischer Torschützenkönig in sechs Meisterschaften, für die ihn leidenschaftlich verehrende Bevölkerung Erbe des Toreros Manolete, spielte mit drei Beinen. Das dritte Bein war sein Kopf: Seine spektakulärsten Tore waren Kopfballgranaten. Dieses Tor machte Zarra nicht mit dem Kopf, doch mit einem lauten Schrei, während er das Jungfrauenmedaillon mit der Hand drückte, das er um den Hals trug.

Der höchste Funktionär des spanischen Fußballs, Armando Muñoz Calero, der am deutschen Überfall auf Rußland teilgenommen hatte, funkte eine Botschaft an den Generalissimus Franco:

»Exzellenz, wir haben das verräterische Albion besiegt.«

Das war die späte Rache für die Vernichtung der unbesiegbaren spanischen Armada, die 1588 im Ärmelkanal von den Engländern versenkt worden war.

Muñoz Calero widmete das Spiel »dem besten Führer der Welt«. Das nächste Spiel, bei dem Spanien gegen Brasilien sechs Tore kassierte, widmete er niemandem.

Tor durch Zizinho

Es geschah während der Weltmeisterschaft von 1950. Im Spiel gegen Jugoslawien schoß Zizinho, brasilianischer Flügelstürmer, ein Wiederholungstor.

Dieser begnadete Meister des Fußballs hatte ein sauberes Tor verwandelt, und der Schiedsrichter hatte es ungerechterweise annulliert. Da schoß er es ganz genauso noch einmal, Schritt für Schritt. Zizinho drang an der gleichen Stelle in den Strafraum ein, umspielte mit der gleichen Eleganz wie vorher denselben jugoslawischen Verteidiger und donnerte das Leder in genau dieselbe Ecke. Danach trat er ihn wütend noch mehrmals in das Netz.

Der Schiedsrichter begriff, daß Zizinho in der Lage war, das gleiche Tor noch zehnmal zu wiederholen, und es blieb ihm nichts anderes übrig, als es anzuerkennen.

Die Spaßmacher

Julio Pérez, einer der Spieler der uruguayischen Weltmeistermannschaft von 1950, begeisterte mich als Kind und vertrieb mir die schlechte Laune. Man nannte ihn *Pataloca*, was soviel wie »Narrenfuß« bedeutet, denn er nahm sich selbst in der Luft auseinander, und die Gegner rieben sich die Augen: Sie mochten nicht glauben, daß die Beine zur einen Seite flogen, und zur anderen, weit weg davon, der restliche Körper. Nachdem er ein paar Gegner mit diesen Spaßdribblings umspielt hatte, ging Julio Pérez wieder zurück und begann von neuem seine Kapriolen. Wir Fans feierten diesen lustigen Teufelskerl der Fußballplätze und dankten ihm, daß er unser Lachen entfesselte, und alles, was sonst noch gefesselt war.

Einige Jahre später hatte ich das Glück, den Brasilianer Garrincha zu sehen, der sich auch damit vergnügte, mit seinen Beinen Witze zu machen, und manchmal, wenn er kurz vor der Pointe stand, drehte er noch einmal um, um den Spaß zu verlängern.

Die Weltmeisterschaft von 1954

Gelsomina und Zampano entstanden unter den Zauberhänden Fellinis und zogen los, um ohne besondere Hast durch »La strada« zu vagabundieren, während sich in vollem Tempo Fangio zum zweiten Mal den Weltmeistertitel im Motorsport holte. Jonas Salk fand den Impfstoff gegen die Kinderlähmung. Im Pazifik explodierte die erste Wasserstoffbombe. In Vietnam ließ General Giap die französische Armee in der Entscheidungsschlacht von Dien Bien Phu zu Boden gehen. In Algerien, einer weiteren französischen Kolonie, brach der Unabhängigkeitskrieg aus.

Der General Strößner wurde in Paraguay zum Präsidenten gewählt, in einem Kopf-an-Kopf-Rennen gegen keinen weiteren Kandidaten. In Brasilien schloß sich der Kreis der Militärs und Unternehmer, Waffen und Geld, um den Präsidenten Getulio Vargas, der sich bald darauf eine Kugel ins Herz schießen sollte. Nordamerikanische Flugzeuge bombardierten mit dem Segen der Organisation Amerikanischer Staaten, OAS, Guatemala, und ein Heer, das vom Norden aus auf die Beine gebracht worden war, marschierte, mordete und siegte. Während man in der Schweiz, wo die 5. Fußballweltmeisterschaft eröffnet wurde, die Hymnen von sechzehn Ländern anstimmte, sangen in Guatemala die Sieger die Hymne der Vereinigten Staaten von Amerika und feierten so den Sturz von Präsident Arbenz, dessen marxistisch-leninistische Ideologie völlig außer Zweifel stand, hatte er es doch gewagt, der »United Fruit Company« Land wegzunehmen.

An der WM von 1954 nahmen elf europäische und drei amerikanische Mannschaften teil, dazu die Türkei und Südkorea. Brasilien trug zum ersten Male das gelbe Trikot mit dem grünen Kragen, nachdem ihm bei der vorigen WM im Stadion von Maracaná das weiße Trikot soviel Pech gebracht hatte. Doch brachte die Kanarienvogelfarbe nicht gleich das gewünschte Resultat: Brasilien verlor in einer rüden Schlacht gegen Ungarn und erreichte nicht einmal das Halbfinale. Die brasilianische Fußballvereinigung beklagte sich bei der FIFA über den englischen Schiedsrichter, er habe »im Dienste des internationalen Kommunismus gegen die abendländisch-christliche Zivilisation« gehandelt.

Ungarn war der große Favorit dieser Weltmeisterschaft. Die starke Mannschaft um Puskas, Kocsis und Hidegkuti hatte noch kurz vor der WM die Auswahl Englands mit 7 zu 1 in Grund und Boden gespielt. Doch diese WM war kräftezehrend. Nach der ungewöhnlich harten Begegnung mit den Brasilianern mußten die Ungarn gegen Uruguay alle Kräfte mobilisieren. Ungarn und Uruguay spielten auf Leben und Tod, gönnten sich keinen Vorteil und bestürmten sich gegenseitig so lange, bis zwei Tore von Kocsis die Partie in der Verlängerung entschieden.

Im Endspiel trat Ungarn gegen Deutschland an. Ungarn hatte der deutschen Mannschaft zu Beginn des Turniers schon mit 8 zu 3 eine ordentliche Tracht Prügel verabreicht, und bei diesem Spiel war Mannschaftskapitän Puskas verletzt ausgeschieden. Im Endspiel war Puskas wieder dabei, spielte, so gut er konnte, mit einem schmerzenden Bein an der Spitze einer brillanten, doch ausgebrannten Mannschaft. Ungarn, das mit 2 zu 0 geführt hatte, verlor schließlich 3 zu 2, und Deutschland holte seinen ersten Weltmeistertitel. Österreich kam auf den dritten Platz, Uruguay auf den vierten.

Der Ungar Kocsis war mit elf Treffern der Torschützenkönig bei dieser WM, gefolgt von dem Deutschen Morlock mit acht und dem Österreicher Probst mit sechs Treffern. Von Kocsis' elf Toren war der schönste Treffer der, den er gegen Brasilien erzielte. Kocsis stieg auf wie ein Flugzeug, flog ein gutes Weilchen durch die Luft und köpfte dann ins Toreck ein.

Tor durch Rahn

Es geschah bei der Weltmeisterschaft von 1954. Der Favorit Ungarn bestritt das Endspiel gegen Deutschland.

Es fehlten nur noch sechs Minuten bis zum Ende der Partie, die 2 zu 2 unentschieden stand, als der robuste deutsche Stürmer Helmut Rahn im Halbkreis vor dem Strafraum einen Befreiungsschlag der ungarischen Verteidigung abfing. Rahn umspielte Lantos und feuerte mit dem linken Fuß eine Granate ab, die neben dem rechten Pfosten ins Tor von Grosics schlug.

Heribert Zimmermann, der damals bekannteste deutsche Sportkommentator, ließ bei diesem Tor einen Schrei von südamerikanischer Leidenschaft hören:

»Toooooooooooorrrrrrr!!!!!!«

Dies war die erste Weltmeisterschaft, an der Deutschland nach dem Kriege teilnehmen durfte, und die deutsche Bevölkerung fühlte, daß sie wieder das Recht zu leben hatte: Dieser »Tor!«-Ruf wurde zum Symbol nationaler Wiederauferstehung. Jahre später erschallte das historische Tor in einem Film von Faßbinder, »Die Ehe der Maria Braun«, der vom Schicksal einer Frau erzählt, die zwischen den Trümmern Nachkriegsdeutschlands ihren Weg sucht.

Wandelnde Werbung

Mitte der fünfziger Jahre unterzeichnete der uruguayische Klub »Peñarol« den ersten Vertrag, um auf seinen Trikots Werbung zu tragen. Zehn Spieler liefen mit dem Namen einer Firma auf der Brust aufs Spielfeld. Obdulio Varela dagegen spielte im gleichen Trikot wie immer und meinte:

»Früher hat man uns Neger an einem Ring in der Nase herumgeführt. Die Zeiten sind vorbei.«

Heutzutage sind Fußballer längst zu spielenden Litfaßsäulen geworden.

1989 bestritt Carlos Menem neben Maradona und anderen Spielern ein Freundschaftsspiel im Trikot Argentiniens. Als man ihn so im Fernsehen sah, fragte man sich, ob dies der Präsident von Argentinien oder von Renault war: Menem trug auf der Brust in großen Lettern den Namenszug des Automobilunternehmens.

Auf den Trikots der Mannschaften, die an der Weltmeisterschaft von 1994 teilnahmen, waren Marken wie »adidas« oder »Umbro« besser sichtbar als die Landesfarben. Auf der Trainingskleidung der deutschen Auswahl prangt neben dem Bundesadler der Mercedesstern. Der gleiche Stern strahlt auf dem Trikot der Mannschaft des VfB Stuttgart. Die Mannschaft

von Bayern München zieht dagegen die Marke Opel vor. Die Verpackungsfirma »Tetrapack« sponsert Eintracht Frankfurt. Die Spieler von Borussia Dortmund werben für die Versicherungspolicen der »Continental«, und die von Borussia Mönchengladbach für Diebels Altbier. »Talcid« und »Larylin«, zwei Produkte der Firma Bayer, prangen auf den Trikots der Mannschaften dieses Namens aus Leverkusen und Uerdingen.

Die Werbung auf der Brust ist wichtiger als die Nummer auf dem Rücken. 1993 veröffentliche der argentinische Klub »Racing«, der keinen Sponsor hatte, eine verzweifelte Annonce in der Zeitung »Clarín«: »Sponsor gesucht ...« Und die Werbung ist auch wichtiger als die heiligen Gewohnheiten, die der Sport angeblich fördert. Im gleichen Jahr, während in Chile die Prügeleien in den Stadien alarmierende Ausmaße erreichten und der Verkauf von Alkohol bei Fußballspielen verboten wurde, pries die Mehrheit der chilenischen Klubs der 1. Liga von den Trikots ihrer Spieler her alkoholische Getränke, Bier oder *Pisco*-Schnaps, an.

Was die heiligen Gewohnheiten angeht, so ist es schon ein paar Jahre her, daß der Papst den Heiligen Geist in eine Kreditanstalt verwandelt hat. Zur Zeit sponsert sie den italienischen Klub »Lazio«. »Banco di Santo Spirito« steht auf den Hemden, so als sei jeder Spieler ein Kassierer Gottes.

Ende des ersten Halbjahres 1992 zog die italienische Firma »Motta« Bilanz: Ihre Marke, die auf den Trikots der Spieler von AC Mailand prangte, war 2.250 Mal auf Zeitungsfotos und sechs volle Stunden lang im Vordergrund des Fernsehens zu sehen gewesen. Die Firma hatte dem AC Mailand dafür viereinhalb Millionen Dollar gezahlt, doch war der Verkauf ihrer Süßigkeiten im gleichen Zeitraum um fünfzehn Millionen gestiegen. Eine andere italienische Firma, »Parmalat«, die ihre Milchprodukte in vierzig Ländern verkauft, hatte 1993 ein Goldjahr. Ihre Mannschaft, der Verein von Parma, gewann zum ersten Mal die Europameisterschaft der Pokalsieger, und in Südamerika errangen die Vereine »Palmeiras«, »Boca« und »Peñarol« den Meistertitel in ihren Ländern, drei Mannschaften, die ihre Werbung auf dem Trikot tragen. Gegen achtzehn Konkurrenten konnte sich Parmalat, mit Hilfe des Fußballs, auf dem brasilianischen Markt durchsetzen und auch bei den Konsumenten in Argentinien und Uruguay an Boden gewinnen. Außerdem wurde Parmalat Besitzer mehrerer südamerikanischer Spieler: nicht nur ihrer Trikots, sondern auch ihrer Beine. In Brasilien erstand die Firma für zehn Millionen Dollar die Spieler Edilson, Mazinho, Edmundo, Cléber und Zinho, die in der Nationalmannschaft spielen oder gespielt haben, und sieben weitere Spieler des Klubs »Palmeiras«. Wer sich dafür interessiert, sie zu kaufen, muß sich an die Firmenzentrale in Parma, Italien, wenden.

Seit das Fernsehen anfing, die Spieler aus der Nähe zu zeigen, wurde ihre gesamte Kluft, von Kopf bis Fuß, von der Werbung in Beschlag genommen. Wenn einer der Stars sich umständlich die Schuhe zubindet, dann ist das nicht die Ungeschicklichkeit seiner Finger, sondern es sind Streicheleinheiten für die Geldbörse: Er wirbt für die Marke »adidas«, »Nike« oder »Reebok« an seinen Füßen. Schon bei der Olympiade von 1936 in Berlin, die Hitler abhalten ließ, trugen die siegreichen Athleten die drei Streifen von »adidas« auf ihren Schuhen. Bei der Fußballweltmeisterschaft von 1990 waren die »adidas«-Streifen nicht nur auf den Schuhen, sondern auch auf allem anderen. Zwei englische Journalisten, Simson und Jennings, haben festgestellt, daß beim Endspiel zwischen Deutschland und Argentinien nur die Pfeife des Schiedsrichters nicht dieser Firma gehörte. Von »adidas« stammten der Ball und alles, was die Körper der Spieler, des Schieds- und der Linienrichter bedeckte.

Tor durch Di Stefano

Es geschah im Jahre 1957. Spanien spielte gegen Belgien. Miguel trickste die belgische Verteidigung aus, kam über den rechten Flügel und flankte in die Mitte. Di Stefano hechtete der Länge nach durch die Luft und schoß so, längs in der Luft liegend, sein Tor.

Alfredo Di Stefano, der argentinische Stürmerstar, der sich in Spanien hatte einbürgern lassen, schoß immer solche Tore. Jedes offene Tor war für ihn ein unverzeihliches Verbrechen, das sofortige Bestrafung forderte, und er führte die Strafe aus, mit den Hieben und Schlägen eines lausbübischen Kobolds.

Di Stefano

Der ganze Fußballplatz paßte in seine Stiefel. Das Spielfeld entstand an seinen Füßen, und an seinen Füßen wuchs es. Von Tor zu Tor durchmaß Alfredo Di Stefano diesen Raum, hin und her, her und hin, mit dem Ball, die Flanken wechselnd und den Rhythmus: vom Zotteltrab zum unaufhaltbaren Wirbelsturm; ohne den Ball den freien Raum suchend und das Spiel aufreißend, wenn es sich festzufahren drohte.

Niemals stand er völlig still. Mit erhobenem Kopf sah er über das ganze Spielfeld und überquerte es im Galopp und riß Breschen für den Angriff auf. Er war immer am Anfang, in der Entwicklung und in der Ausführung der Spielzüge, die zum Tor führten, und er machte Tore in allen Farben:

> *Socorro, socorro, ahí viene la saeta*
> *con su propulsión a chorro,*

was soviel bedeutete wie:

> *Zu Hilfe, zu Hilfe, da kommt der rasende Pfeil*
> *mit seinem Düsenantrieb.*

Nach Ende des Spiels trugen ihn die Zuschauer auf den Schultern vom Platz.

Di Stefano war der Motor der drei Mannschaften, die die Welt in den vierziger und fünfziger Jahren begeisterten: »River Plate«, wo er den Platz von Pedernera einnahm; »Millonarios« aus Bogotá, wo er gemeinsam mit Pedernera glänzte; und »Real Madrid«, für den er fünf Jahre lang Spaniens Torschützenkönig wurde. Im Jahre 1991, als er sich längst zur Ruhe gesetzt hatte, gab die Zeitschrift »France Football« den Titel »Bester europäischer Fußballer aller Zeiten« an diesen in Buenos Aires geborenen Spieler.

Tor durch Garrincha

Es geschah 1958 in Italien. Die brasilianische Auswahl spielte, unterwegs zur Weltmeisterschaft in Schweden, gegen die Mannschaft von »Fiorentina«.

Garrincha drang in den Strafraum ein, ließ einen Verteidiger zu Boden gehen und umspielte einen zweiten, dann noch einen. Als er auch den Torwart verladen hatte, stellte er fest, daß noch ein gegnerischer Spieler auf der Torlinie stand. Garrincha tändelte, zögerte, tat dann so, als wolle er den Ball ins Eck schießen; der arme Verteidiger sprang mit dem Kopf gegen den Pfosten. Da fing der Torwart wieder an, Ärger zu machen. Garrincha spielte ihm den Ball zwischen den Beinen durch und schoß ins Tor.

Danach kam er mit dem Ball unter dem Arm langsam auf den Platz zurück. Er ging mit gesenktem Blick, Chaplin in Zeitlupe, so als wolle er um Verzeihung bitten für ein Tor, das ganz Florenz von den Sitzen gerissen hatte.

Die Weltmeisterschaft von 1958

Die Vereinigten Staaten schossen einen Satelliten in den Weltraum; der neue kleine Mond umkreiste die Erde und traf sich mit den sowjetischen Sputniks, ohne sie zu grüßen. Und während die Großmächte im Jenseits ihren Wettlauf austrugen, begann im Diesseits der Bürgerkrieg im Libanon, stand Algerien in Flammen, geriet auch Frankreich in Brand, und General de Gaulle erhob seine zwei Meter Körpergröße über die Flammen und versprach Rettung. In Kuba mißlang Fidel Castros Generalstreik gegen die Batistadiktatur, doch in Venezuela stürzte ein anderer Generalstreik die Diktatur von Pérez Jiménez. In Kolumbien segneten Konservative und Liberale nach zehnjährigem gegenseitigem Vernichtungskrieg durch Wahlen die Teilung der Macht ab, während Richard Nixon auf seiner Lateinamerikareise mit Steinwürfen empfangen wurde. José María Arguedas veröffentlichte »Die tiefen Flüsse«. Es erschienen »Landschaft in klarem Licht« von Carlos Fuentes und die Liebesgedichte von Idea Vilariño.

In Ungarn erschoß man Imre Nagy und andere Aufständische von 1956, die Demokratie statt Bürokratie gewollt hatten, und in Haiti starben die Rebellen, die den Palast von »Papa Doc« Duvalier angegriffen hatten, in dem er, umgeben von Hexern und Henkern, regierte. Johannes XXIII, Johannes der Gute, war der neue Papst in Rom, Prinz Charles der zukünftige Herrscher Englands und Barbie die neue Königin

der Puppen. João Havelange errang die brasilianische Krone im Fußballgeschäft, während in der Kunst des Fußballspielens ein junger Mann von siebzehn Jahren, Pelé, zum König der Welt aufstieg.

Pelés Weihe fand in Schweden statt, während der 6. Fußballweltmeisterschaft. Zwölf europäische Mannschaften nahmen an dem Turnier teil, vier amerikanische und keine einzige aus den anderen Kontinenten.

Die Schweden konnten die Begegnungen in den Stadien und auch zu Hause anschauen: Es war das erste Mal, daß eine WM im Fernsehen übertragen wurde, auch wenn sie direkt nur im Land selbst zu empfangen war und erst danach in der restlichen Welt.

Es war dies auch das erste Mal, daß eine Mannschaft den Titel außerhalb ihres eigenen Kontinents gewann. Bei der Weltmeisterschaft von 1958 begann die brasilianische Mannschaft mit mittelmäßigem Spiel, doch dann kam es zum Aufstand der Spieler, die ihrem technischen Direktor eine Mannschaft nach ihren Vorstellungen aufzwangen, und ab da überrollte sie ihre Gegner. So kamen fünf Ersatzspieler in die erste Auswahl, unter ihnen Pelé, ein unbekannter Junge, und Garrincha, der zwar längst in Brasilien berühmt war und in den vorherigen Spielen auch brilliert hatte, der jedoch von der Weltmeisterschaft ausgeschlossen worden war, weil die Psychologen ihm »mentale Schwäche« bescheinigt hatten. Diese schwarzen Ersatzleute für weiße Stammspieler strahlten in der neuen Auswahl der Stars mit eigenem Glanz, zusammen mit einem weiteren glänzend spielenden Schwarzen, Didí, der die Zaubereien aus der Abwehr heraus vorbereitete.

Feuerwerk des Fußballs: Die Zeitung »World Sports« aus London vermerkte, man müsse sich die Augen reiben, um glauben zu können, daß solcher Fußball von dieser Welt sei. Im Halbfinale gewannen die Brasilianer gegen die französische Mannschaft um Kopa und Fontaine mit 5 zu 2, und noch einmal mit 5 zu 2 im Endspiel gegen die Hausherren. Der schwedische Mannschaftskapitän Liedholm, einer der fairsten und elegantesten Spieler in der Geschichte des Fußballs, erzielte das erste Tor der Begegnung, doch dann rückten Vavá, Pelé und Zagalo unter dem verdutzten Blick von König Gustav Adolf die Dinge zurecht. Brasilien wurde ungeschlagen Weltmeister. Als das Endspiel vorüber war, schenkten die brasilianischen Spieler den Ball ihrem treuesten Anhänger, dem schwarzen Masseur Américo.

Frankreich landete bei dieser WM auf dem dritten Platz, Deutschland auf dem vierten. Der Franzose Fontaine führte die Torschützenliste an, mit einem Regen von dreizehn Treffern, acht mit dem rechten Fuß, vier mit dem linken und einer mit dem Kopf, gefolgt von Pelé und dem Deutschen Helmut Rahn mit jeweils sechs Toren.

Tor durch Nílton

Es geschah bei der Weltmeisterschaft von 1958. Brasilien führte gegen Österreich mit 1 zu 0.

Zu Beginn der 2. Halbzeit kam Nílton Santos, der zentrale Spieler der brasilianischen Verteidigung, den man auch »das Wörterbuch« nannte, weil er soviel über Fußball wußte, aus der Abwehr heraus, überquerte die Mittellinie, umspielte ein paar Gegner und stürmte weiter. Der Trainer Brasiliens, Vicente Feola, lief außerhalb des Spielfelds an der Außenlinie entlang, in Strömen schwitzend, und schrie:

»Geh zurück, geh zurück!«

Doch Nílton setzte unbekümmert seinen Weg zum gegnerischen Strafraum fort. Der dicke Feola raufte sich verzweifelt die Haare, doch Nílton spielte zu keinem Stürmer ab, machte den ganzen Spielzug allein und schloß mit einem wunderschönen Tor ab.

Da meinte Feola ganz glücklich:

»Na seht ihr? Hab ich's euch nicht gesagt? Der, der weiß eben Bescheid!«

Garrincha

Irgendeiner seiner vielen Brüder taufte ihn »Garrincha«, was der Name eines nutzlosen, häßlichen kleinen Vogels ist. Als er mit dem Fußballspielen begann, bekreuzigten sich die Ärzte: Sie prophezeiten, er werde nie ein guter Sportler werden, dieses armselige Häuflein Mensch, das der Hunger und die Kinderlähmung übriggelassen hatten, hinkender Esel mit einem Kinderhirn, einer Wirbelsäule wie ein S und Beinen, die beide zur gleichen Seite gebogen waren.

Nie hat es einen zweiten Rechtsaußen wie ihn gegeben. Bei der Weltmeisterschaft von 1958 war er der beste Spieler auf dieser Position. Bei der WM 62 der beste Spieler des ganzen Turniers. Doch in all den Jahren seiner Laufbahn war Garrincha mehr als das: Er war der Mann, der am meisten Freude schenkte in der ganzen Geschichte des Fußballs.

Wenn er spielte, wurde der Fußballplatz zur Zirkusmanege und der Ball zum gezähmten Tier, das Spiel eine Einladung zum Feiern. Garrincha ließ sich den Ball nicht abnehmen, ein

Kind, das sein Spielzeug verteidigt, und das Leder und er trieben Schabernack, daß sich die Zuschauer bogen vor Lachen: Er sprang über es hinweg, es hüpfte über ihn, es versteckte sich, er lief ihm weg, es trieb ihn vor sich her. Unterwegs stießen die Gegner zusammen, verhakten sich mit den Beinen, bekamen Schwindelanfälle oder fielen auf den Hosenboden. Garrincha trieb seine Possenreißerspäße am Rande des Spielfelds, an der rechten Außenlinie, weit weg von der Mitte: Er war in der Vorstadt aufgewachsen, und in der Vorstadt spielte er. Er spielte bei einem Klub, der »Botafogo« hieß, was soviel wie »Brandstifter« bedeutet, und genau das war er auch: Ein Brandstifter, der die Stadien entzündete, verrückt nach Branntwein und allem anderen, was brennt, der vor großen Menschenansammlungen floh und durchs Fenster entwischte, weil ihn von irgendwo weither irgendein Ball rief, der gespielt werden wollte, eine Musik, die betanzt werden wollte, eine Frau, die geküßt werden wollte.

Ein Sieger? Ein Verlierer, der Glück hatte. Und das Glück dauert nie sehr lange. Nicht umsonst sagt man in Brasilien, wenn Scheiße etwas wert wär', dann hätten die Armen keinen Arsch.

Garrincha starb seinen Tod: arm, im Suff und einsam.

Didí

Die Sportreporter kürten ihn zum besten Aufbauspieler der Weltmeisterschaft von 1958.

Er war die Achse der brasilianischen Mannschaft. Von hagerem Wuchs, mit langem Hals, eine aufrechte Statue seiner selbst, so schien Didí wie eine geschnitzte afrikanische Figur, die jemand mitten aufs Spielfeld gesetzt hatte. Dort war er Herr und Meister. Von dort schoß er seine vergifteten Pfeile ab.

Er war der Meister des langen Passes, halbes Tor, das auf den Füßen von Pelé, Garrincha oder Vavá zum ganzen Tor wurde, aber er schoß auch selber seine Tore. Bei seinen Weitschüssen verlud er den Torhüter mit dem »trockenen Blatt«: Er schlug den Ball mit der Innenseite des Fußes, und der Ball flog kreisend los, zog Schleifen und änderte seine Richtung wie ein trockenes Blatt im Wind, bis er dort ins Tor fiel, wo ihn der Torwart nie erwartet hätte.

Didí spielte leise. Indem er auf die lederne Kugel zeigte, sagte er:

»Die, die läuft, ist sie.«

Er wußte, daß sie lebte, die Lederkugel.

Didí und die Lederkugel

*I*ch habe sie immer liebevoll behandelt. Denn wenn man sie nicht zärtlich behandelt, dann gehorcht sie auch nicht. Wenn sie zu mir kam, beherrschte ich sie, und sie gehorchte. Manchmal, wenn sie vorüberlief, sagte ich: »Komm, meine Kleine«, und holte sie mir. Ich tätschelte sie mit dem Spann, mit dem Rist, und sie blieb gehorsam da. Ich behandelte sie genauso zärtlich wie meine eigene Frau. Ich liebte sie heiß und innig. Denn sie ist aus Feuer. Wenn du sie schlecht behandelst, bricht sie dir das Bein. Deshalb sage ich auch immer: »Jungs, paßt auf, seid vorsichtig. Dies ist ein Mädchen, das man mit viel Liebe behandeln muß ...« Je nachdem, wo man sie berührt, reagiert sie so oder so.

(aufgeschrieben von Roberto Moura)

Kopa

Man nannte ihn den »Napoleon des Fußballs«, weil er untersetzt und ein Eroberer von Gebieten war. Mit dem Ball am Fuß wuchs er und beherrschte das Spielfeld. Ein Spieler von großer Beweglichkeit und herrlichen Dribblings, zeichnete Raymond Kopa auf seinem Weg zum Tor Arabesken auf den Rasen. Die Trainer rauften sich die Haare, weil er immer viel zu lange den Ball hielt, und die französischen Fußballexperten bezichtigten ihn eines »südamerikanischen Stils«. Doch bei der Weltmeisterschaft von 1958 wurde Kopa von den Sportreportern in die Traumelf aufgenommen, und im gleichen Jahr gewann er auch den Goldenen Ball, der dem besten europäischen Fußballer verliehen wird.

Der Fußball hatte ihn aus der Armut geholt. In einer Bergarbeitermannschaft hatte er zu spielen begonnen. Als Sohn polnischer Einwanderer arbeitete Kopa seine ganze Kindheit über mit seinem Vater zusammen in den Kohlebergwerken von Noeux, wo er jeden Abend in den Schacht einfuhr, um erst am nächsten Tag wieder heraufzukommen.

Carrizo

Ein Vierteljahrhundert verbrachte er damit, Bälle zu fangen, als habe er einen Magneten in seinen Händen, und verbreitete damit Panik im gegnerischen Lager. Amadeo Carrizo begründete einen besonderen Stil im südamerikanischen Fußball. Er war der erste Torhüter, der die Kühnheit besaß, Kopf und Kragen zu riskieren und aus dem Strafraum zu laufen, um seine Mannschaft nach vorne zu schicken, und so sorgte er für Gefahr und trickste sogar mehr als einmal gegnerische Spieler aus. Bis dahin war so etwas ein undenkbarer und unverzeihlicher Irrsinn gewesen. Später wurde solcher Wagemut ansteckend. Carrizos Landsmann Gatti, der Kolumbianer Higuita und der Paraguayer Chilavert wollten sich auch nicht mehr damit begnügen, daß der Tormann nur eine lebende Wand sein sollte, die an der Linie klebte, und zeigten, genau wie er, daß der Torhüter auch lebende Lanze sein kann.

Der Fan kultiviert, wie man weiß, die Lust an der Verneinung des anderen: der gegnerische Spieler verdient immer Verdammnis oder Verachtung. Doch wird Carrizo von den Fans aller argentinischen Klubs verehrt, und alle stimmen mehr oder weniger darin überein: Niemand hat auf jenen Plätzen je so gehalten wie er. Dennoch war 1958, als die argentinische Mannschaft mit eingeklemmtem Schwanz von der Weltmeisterschaft in Schweden zurückkehrte, dieses Idol der letzte von den aus Gottes Hand Gefallenen. Argentinien war gegen die CSSR mit 6 zu 1 und Pauken und Trompeten untergegangen, und ein solches Verbrechen verlangte nach Sühne. Die Presse machte ihn fertig, die Zuschauer pfiffen ihn aus, Carrizo war am Boden zerstört. Und Jahre später gestand er traurig in seinen Erinnerungen:

»Immer erinnere ich mich mehr an die Tore, die ich hinnehmen mußte, als an die, die ich gehalten habe.«

Trikotfieber

Der uruguayische Schriftsteller Paco Espínola interessierte sich überhaupt nicht für Fußball. Doch eines nachmittags im Sommer 1960, als er einen vernünftigen Sender im Radio suchte, stieß Paco durch Zufall auf die Übertragung eines Fußballspiels. Es war der Lokalschlager, »Peñarol« gegen »Nacional«. Die Mannschaft von »Peñarol« verlor haushoch, mit 4 zu 0.

Als es dunkel wurde, war Paco so traurig, daß er beschloß, allein zu abend zu essen, um niemanden mit seiner schlechten Stimmung anzustecken. Doch wo kam denn soviel Traurigkeit nur her? Paco war schon drauf und dran zu glauben, es sei einfach eine Trauer ohne jeden Grund, oder nur grundsätzlich darüber, sterblich zu sein auf dieser Welt, da merkte er auf einmal, daß er traurig war, weil »Peñarol« verloren hatte. Paco war Fan von »Peñarol« und hatte es ganz einfach nicht gewußt.

Wieviele Uruguayer waren genauso traurig wie er? Und wieviele gingen vor Freude die Wände hoch? Normalerweise *gehören* wir Uruguayer entweder zu »Nacional« oder zu »Peñarol« vom Tage unserer Geburt an. So sagt man zum Beispiel: »Ich bin *bei* Nacional«, nicht etwa: »Ich bin *für* Nacional.« So geschieht es schon seit Anfang des Jahrhunderts. Zeitgenössischen Berichten zufolge lockten die Liebesdienerinnen der Bordelle von Montevideo ihre Kunden, indem sie sich mit nichts weiter bekleidet als einem Trikot von »Peñarol« oder »Nacional« in die Türen setzten.

Für den wirklich fanatischen Fan besteht das Vergnügen nicht so sehr im Sieg des eigenen Klubs als vielmehr in der Niederlage des anderen. 1993 befragte eine Zeitung in Montevideo ein paar Jungen, die sich wochentags ihren Lebensunterhalt mit dem Schleppen von Feuerholz verdienten, um sonntags im Stadion für »Nacional« ordentlich Randale zu machen. Einer von ihnen gestand: »Mir wird schon schlecht, wenn ich nur ein Peñarol-Trikot sehe. Ich wünsch mir, daß die immer verlieren, auch wenn sie gegen andere Mannschaften spielen.«

Gleiches geschieht in vielen anderen Städten, die genauso zweigeteilt sind. 1988 besiegte die Mannschaft von »Nacional« den Klub »Newell's« im Endspiel um den Amerikapokal. »Newell's« ist einer der beiden Vereine, die sich die Zuneigung der Stadt Rosario an der argentinischen Küste teilen. Da strömten die Fans des anderen Klubs, »Rosario Central«, auf die Straßen ihrer Stadt, um die Niederlage von »Newell's« gegen eine fremde Mannschaft zu feiern.

Ich glaube, es war Osvaldo Soriano, der mir die Geschichte vom Tod eines Fans von »Boca Juniors« in Buenos Aires erzählte. Dieser Fan hatte ein ganzes Leben damit zugebracht,

den Klub »River Plate« zu hassen, wie es sich gehört, doch als es ans Sterben ging, bat er darum, in die gegnerische Fahne eingewickelt zu werden. Und so konnte er beim letzten Atemzug feiern:

»Jetzt stirbt einer von ihnen.«

Wenn aber der Fan dem Verein *gehört*: warum dann nicht die Spieler? Nur sehr selten akzeptieren die Fans den Vereinswechsel eines geliebten Spielers. Die Mannschaft zu wechseln ist nicht dasselbe, wie den Arbeitsplatz zu wechseln, auch wenn der Spieler üblicherweise ein Profi ist, der sich den Lebensunterhalt mit den Beinen verdient. Die leidenschaftliche Verehrung eines bestimmten Trikots hat nicht viel mit dem modernen Fußball zu tun, doch bestraft der Fan die böse Tat, den Hochverrat. Im Jahre 1989, als der brasilianische Spieler Bebeto vom Verein »Flamengo« zu »Vasco da Gama« wechselte, gab es Fans von »Flamengo«, die nur zu den Spielen von »Vasco da Gama« kamen, um den Verräter auszupfeifen. Es regnete Drohungen für ihn, und der gefürchtetste Hexer von Rio de Janeiro sprach einen Fluch gegen ihn aus. Bebeto erlitt zahllose Verletzungen, konnte nicht spielen, ohne sich wehzutun, ohne daß ihm das Schuldgefühl die Beine schwer wie Blei werden ließ, und es wurde immer noch schlimmer, bis er schließlich beschloß, nach Spanien zu gehen. Einige Zeit davor ging der langjährige Star des argentinischen Klubs »Racing«, Roberto Perfumo, zu »River Plate«. Seine

genauso langjährigen Fans verabschiedeten ihn mit einem der längsten und lautesten Pfeifkonzerte der Geschichte:

»Da habe ich gemerkt, wie sehr sie mich liebten«, meinte Perfumo.

Weil er der guten alten Zeit nachtrauert, in der noch geglaubt wurde, akzeptiert der Fan auch nicht die Gewinn- und Verlustrechnungen, die oft genug die Entscheidungen der Vorstände bestimmen, in einer Zeit, in der den Klubs nichts anderes übrigbleibt, als zu Showfabriken zu werden. Wenn es der Fabrik schlecht geht, zwingen die roten Zahlen dazu, die Aktivposten des Unternehmens zu opfern. Eines der riesigen Einkaufszentren von Buenos Aires, »Carrefour«, erhebt sich auf den Trümmern des Vereinsstadions von »San Lorenzo«. Als das Stadion Mitte 1983 abgerissen wurde, nahmen sich die Fans weinend eine Handvoll Erde in der Tasche mit.

Der Verein ist das einzige Dokument zur Bestimmung der persönlichen Identität, an das der Fan glaubt. Und in vielen Fällen verkörpern Trikot, Hymne und Fahne innig geliebte Traditionen, die auf dem Spielfeld ihren Ausdruck finden, doch von ganz weit her aus der Geschichte einer Gemeinschaft kommen. Für die Katalanen ist die Mannschaft von Barcelona »mehr als ein Klub«: Sie ist das Symbol des langen Kampfes für die nationale Selbstbestimmung gegen den Zentralismus von Madrid. Seit 1919 spielen weder Ausländer noch andere Spanier bei dem Verein »Athlétic« aus Bilbao:

»Athlétic«, ein Hort stolzer Basken, nimmt nur baskische Spieler in seine Reihen auf, und fast immer Spieler, die aus den Reihen der eigenen Jugend stammen. In den Jahren der Diktatur waren die beiden Stadien von Camp Nou in Barcelona und San Mamés in Bilbao Zufluchtsorte für die verbotenen nationalen Gefühle. Dort sangen und schrien die Basken und Katalanen in ihrer Sprache und schwenkten ihre verbotenen Fahnen. Und es war in einem Fußballstadion, wo zum ersten Male die baskische Fahne auftauchte, ohne daß die Polizei die Träger niederknüppelte: Ein Jahr nach dem Tode Francos kamen die Spieler von »Athlétic« und »Real Sociedad« mit der Fahne in der Hand auf den Platz gelaufen.

Der Krieg, der Jugoslawien zerfallen ließ und der die ganze Welt bewegt hat, fand zuerst auf den Fußballplätzen statt, dann auf den Schlachtfeldern: Die alten Haßgefühle zwischen Serben und Kroaten kamen jedesmal zum Vorschein, wenn die Klubs von Belgrad und Zagreb spielten. Dann enthüllten die Fans ihre geheimen Leidenschaften und gruben Fahnen und Gesänge aus wie Kriegsbeile.

Tor durch Puskas

Es geschah im Jahre 1961. »Real Madrid« spielte auf eigenem Platz gegen die Mannschaft von »Atlético«, ebenfalls aus Madrid.

Das Spiel hatte kaum begonnen, da schoß Ferenc Puskas, wie zuvor Zizinho bei der WM von 1950, ein Wiederholungstor. Der ungarische Stürmer von »Real Madrid« führte am Rande des Strafraums einen Freistoß aus, und der Ball ging ins Netz. Doch der Schiedsrichter näherte sich Puskas, der die Arme schon jubelnd hochgerissen hatte:

»Tut mir leid«, sagte er, »aber ich hatte noch nicht gepfiffen.«

Und Puskas führte den Freistoß noch einmal aus. Er schoß mit links, wie beim ersten Mal, und der Ball beschrieb ganz genau die gleiche Bahn: Er flog wie eine Kanonenkugel über die gleichen Köpfe der gleichen Spieler der Abwehrmauer und schlug, wie der annullierte Treffer, ins linke Toreck von Madinabeytia ein, der, genau wie zuvor, einen Satz machte und, genau wie beim ersten Mal, den Ball nicht einmal mit den Fingern berühren konnte.

Tor durch Sanfilippo

Lieber Eduardo:
   Neulich war ich im Supermarkt »Carrefour«, da, wo früher das Stadion von San Lorenzo stand. Es begleitete mich José Sanfilippo, der Held meiner Kindertage, Torschützenkönig von San Lorenzo in vier aufeinanderfolgenden Spielzeiten. Da bummelten wir also zwischen den Regalen umher, umgeben von Kochtöpfen, Käse und Knackwürsten. Als wir schon auf die Kasse zugehen, breitet Sanfilippo plötzlich die Arme aus und meint: »Wenn ich daran denke, daß ich hier Roma eins mit dem Außenspann reingesetzt habe, damals bei dem Spiel gegen Boca ...« Er schneidet einer Dicken den Weg ab, die einen Karren mit Dosen, Fleischpackungen und Gemüse vor sich herschiebt, und sagt: »Das war das schnellste Tor der Geschichte.«
   Ganz konzentriert, so, als erwarte er einen Eckstoß, erzählt er weiter: »Ich hab damals der Nummer fünf, einem Neuling, gesagt: Sobald das Spiel losgeht, gibst du mir eine weite Flanke in den Strafraum. Reg dich nicht auf, ich laß dich schon nicht schlecht aussehen. Ich war älter und er ein Jungspunt, Capdevilla hieß er, der erschrak und dachte: Mal seh'n, ob ich das tue.« Und ohne zu Zögern zeigt Sanfi-

lippo auf einen Turm aus Mayonnaisegläsern und ruft: »Genau hier hat er ihn mir hingespielt!« Die Leute sehen uns verwundert an. »Der Ball kam hinter den Mittelverteidigern runter, ich rannte los, doch er kam noch ein bißchen weiter vorne runter, ungefähr da, wo der Reis steht, siehst du?« Er zeigt auf ein Regal den Gang hinunter und rennt plötzlich los wie ein Hase, trotz des dunkelblauen Anzugs und der gewienerten Schuhe: »Ich ließ ihn runterkommen und Bumm!« Mit links tritt er nach dem Ball. Alle drehen wir uns zu den Kassen um, dahin, wo vor mehr als dreißig Jahren das Tor stand, und wir alle meinen den Ball fliegen zu sehen, genau da, wo die Batterien und die Rasierklingen hängen. Sanfilippo reißt jubelnd die Arme hoch. Die Kunden und die Kassiererinnen klatschen sich die Hände wund. Ich fange fast zu weinen an. Der »Nene« Sanfilippo hatte das Tor von 1962 noch einmal geschossen, nur damit ich es zu sehen bekam.

Osvaldo Soriano

Die Weltmeisterschaft von 1962

Einige indische und malayische Astrologen hatten den Weltuntergang prophezeit, doch die Welt drehte sich weiter, und zwischen Drehung und Drehung wurde eine Organisation geboren, die sich »amnesty international« nannte, und Algerien tat, nach mehr als sieben Jahren Krieg gegen Frankreich, die ersten Schritte in Unabhängigkeit. In Israel wurde der Naziverbrecher Eichmann gehenkt, die Minenarbeiter von Asturien traten in den Streik, Papst Johannes wollte die katholische Kirche ändern und sie den Armen zurückgeben. Es wurden die ersten Computerdisketten hergestellt, man unternahm die ersten Operationen mit Laserstrahlen, Marilyn Monroe verlor die Lust zu leben.

Was kostete die Stimme eines Landes in den internationalen Organisationen? Haiti verkaufte seine Stimme für 15 Millionen Dollar, eine Überlandstraße, einen Staudamm und ein Hospital und verschaffte so der Organisaton Amerikanischer Staaten, OAS, die notwendige Mehrheit, um Cuba auszuschließen, das schwarze Schaf der panamerikanischen Bewegung. Gewöhnlich gut unterrichtete Kreise in Miami prophezeiten den kurz bevorstehenden Sturz Fidel Castros, der nur noch eine Frage von Stunden sei. Fünfundsiebzig Klagen auf Zensur wurden bei nordamerikanischen Gerichten gegen

Henry Millers Roman »Wendekreis des Krebses« eingereicht, der zum ersten Mal unzensiert veröffentlicht worden war. Linus Pauling, der in Kürze seinen zweiten Nobelpreis erhalten sollte, demonstrierte vor dem Weißen Haus mit einem Protestplakat in der Hand gegen die Atomwaffenversuche, während Benny Kid Paret, Kubaner, schwarz und Analphabet, im Ring des »Madison Square Garden« unter den Schlägen seines Gegners tot zusammenbrach.

In Memphis kündigte Elvis Presley, nachdem er dreihundert Millionen Schallplatten verkauft hatte, seinen Rücktritt an, doch bereute er es schon bald wieder, und in London weigerte sich die Plattenfirma »Decca«, die Lieder einiger langhaariger Musiker aufzunehmen, die sich »The Beatles« nannten. Carpentier veröffentlichte »Explosion in der Kathedrale«, Juan Gelman veröffentliche »Gotán«, die argentinischen Militärs stürzten Präsident Frondizi, es starb der brasilianische Maler Cándido Portinari. Es erschienen die »Primeiras estórias« von Guimaraes Rosa, und die Gedichte, die Vinicius de Moraes schrieb, »*para viver um grande amor*«, um eine große Liebe zu leben. João Gilberto flüsterte in der »Carnegie Hall« den »*samba de uma nota só*«, während die Spieler der brasilianischen Auswahl in Chile eintrafen, entschlossen, vor den fünf anderen amerikanischen und zehn europäischen Ländern die 7. Fußballweltmeisterschaft zu gewinnen.

Bei der WM 62 hatte Di Stefano kein Glück. Er sollte in der Auswahl Spaniens spielen, seiner Wahlheimat. Mit 36 Jahren war dies seine letzte Chance. Kurz vor dem Beginn der Meisterschaft verletzte er sich am rechten Knie, und es war nichts zu machen. Di Stefano, der »Blonde Pfeil«, einer der besten Spieler in der Geschichte des Fußballs, konnte nie bei einer Weltmeisterschaft spielen. Pelé, auch er einer der Stars des Fußballs aller Zeiten, kam in der chilenischen WM nicht weit: Er zog sich gleich zu Anfang eine Muskelzerrung zu und mußte ausscheiden. Und ein weiterer Gigant des Fußballs, der Russe Jaschin, war gleichfalls vom Pech verfolgt: Der beste Torhüter der Welt mußte gegen Kolumbien vier Tore wegstecken, weil er anscheinend ein paar über den Durst getrunken hatte, als er sich in der Kabine in Stimmung brachte.

Brasilien gewann das Turnier, ohne Pelé und unter Führung von Didí als Mannschaftskapitän. Amarildo machte seine Sache gut auf Pelés Position, in der Verteidigung war Djalma Santos eine unerschütterliche Mauer, und im Sturm verzückte und entzückte Garrincha. »Von welchem Planeten stammt dieser Garrincha?« fragte die Zeitung »El Mercurio«, während Brasilien die Gastgeber aus dem Pokal warf. Die Chilenen hatten Italien in einer wahren Fußballschlacht bezwungen, und sie hatten auch die Schweiz und die Sowjetunion geschlagen. So hatten sie sich Spaghetti, Schokolade und Wodka zu Gemüte geführt, doch der Kaffee wollte ihnen nicht die Kehle hinunter: Die Brasilianer gewannen mit 4 zu 2.

Im Endspiel besiegte Brasilien die CSSR mit 3 zu 1 und wurde so, wie schon 1958 in Schweden, ungeschlagen Weltmeister. Zum ersten Male wurde das Endspiel einer Fußball-WM international direkt übertragen, wenn auch immer noch in schwarz-weiß und nur in wenige Länder.

Chile errang den dritten Platz, das beste Ergebnis seiner Geschichte, und Jugoslawien kam auf den vierten Rang, dank eines Vogels namens Dragoslav Sekularac, den kein Verteidiger aufhalten konnte.

Das Turnier hatte keinen Torschützenkönig, doch mehrere Spieler erzielten vier Treffer: die Brasilianer Garrincha und Vavá, der Chilene Sánchez, der Jugoslawe Jerkovic, der Ungar Albert und der Sowjetrusse Ivanov.

Tor durch Charlton

Es geschah während der Weltmeisterschaft 1962. England spielte gegen die Auswahl Argentiniens.

Bobby Charlton entwickelte den Spielzug, der zum ersten englischen Tor führte, bis Flowers allein vor Torwart Roma stand. Doch das zweite Tor war sein Werk von Anfang bis Ende. Charlton, Herr über die ganze linke Seite des Spielfelds, hinterließ die gesamte argentinische Abwehr zerpflückt wie eine Motte nach dem Schlag mit der Fliegenklatsche, wechselte in vollem Lauf vom linken auf den rechten Fuß und überwand den Torhüter mit einem Querschuß.

Er war ein Überlebender. Fast alle Spieler seiner Mannschaft, »Manchester United«, waren, eingeklemmt zwischen den verbogenen Eisenträgern eines brennenden Flugzeugs, ums Leben gekommen. Bobby wurde vom Tod aus den Klauen gelassen, damit er, Sohn eines Bergarbeiters, den Menschen weiter die noble Kunst des Fußballs schenken konnte.

Das Leder gehorchte ihm. Es lief seinen Anweisungen folgend über den Rasen und ging ins Tor, bevor er es überhaupt mit seinem Fuß dorthin beförderte.

Jaschin

Lew Jaschin deckte das Tor, ohne auch nur ein einziges winziges Löchlein zu lassen. Dieser Riese mit den Spinnenarmen, der immer Schwarz trug, hatte einen kargen Stil, schnörkellose Eleganz, die auf jede überflüssige spektakuläre Geste verzichtete. Er hielt die härtesten Schüsse, indem er einfach die Hand hob, eine Zange, die jedes Geschoß auffing und zermalmte, während der Körper unbeweglich blieb wie ein Fels. Und ohne sich zu bewegen, konnte er auch einen Ball nur mit seinem Blick ablenken.

Mehrere Male zog er sich, verfolgt vom Dankesbeifall, aus dem Fußball zurück, und mehrere Male kehrte er wieder. Einen wie ihn gab es kein zweites Mal. In mehr als einem Vierteljahrhundert hielt der russische Torhüter über hundert Strafstöße und wer weiß wie viele andere Tore. Als man ihn fragte, was sein Geheimnis sei, antwortete er, sein Rezept wäre, eine Zigarette zu rauchen, um die Nerven zu beruhigen, und einen ordentlichen Schnaps zu trinken, um die Muskeln zu lockern.

Tor durch Gento

Es geschah im Jahre 1963. »Real Madrid« spielte gegen die Mannschaft von »Pontevedra«.

Kaum hatte der Schiedsrichter die Partie angepfiffen, fiel ein Tor durch Di Stefano, und die 2. Halbzeit hatte noch nicht begonnen, da schoß Puskas seinen Treffer. Von da an erwarteten die Fans aufgeregt den nächsten Treffer, der das zweitausendste Tor sein würde, seit »Real Madrid« im Jahre 1928 in der spanischen Liga zu spielen begann. Die Fans von »Real« beschworen das Tor, indem sie ihre gekreuzten Finger küßten, und die Fans des Gegners versuchten es zu vertreiben, indem sie die Finger wie zwei Hörner gegen den Boden richteten.

Der Spielverlauf wendete sich. Jetzt war »Pontevedra« überlegen. Doch als es schon dunkel wurde und die Begegnung beinahe vorüber und jenes so heiß ersehnte und so gefürchtete Tor schon fast außer Sichtweite war, schoß Amancio einen gefährlichen Freistoß: Di Stefano kam nicht an den Ball heran, aber Gento, der Linksaußen, holte ihn sich, spielte sich frei und schoß und traf. Das Stadion tobte.

Francisco Gento, der Strauchdieb, stand im Fahndungsbuch aller gegnerischen Mannschaften. Manchmal schafften sie es, ihn für ein Weilchen in einen Hochsicherheitstrakt zu sperren, aber irgendwann entwischte er dann doch wieder.

Seeler

Ein freundliches, vergnügtes Gesicht. Man kann ihn sich kaum ohne ein Glas schäumendes Bier in der Hand vorstellen. Auf den Fußballplätzen Deutschlands war er immer der Kleinste und Dickste: ein untersetzter, rundlicher Hamburger, der krumm lief und einen Fuß hatte, der größer war als der andere. Doch wurde Uwe Seeler zum Floh, wenn er sprang, zum Hasen, wenn er lief, und zum Stier, wenn er köpfte.

Im Jahre 1964 wurde dieser Mittelstürmer des Hamburger Sportvereins zum besten deutschen Fußballer gewählt. Er gehörte mit Leib und Seele zu Hamburg:

»Ich bin nur ein weiterer Fan meines Vereins. Der HSV ist meine Heimat«, so sagte er.

Uwe Seeler lehnte alle Angebote ab, in den besten Mannschaften Europas zu spielen, so zahlreich und so lukrativ sie auch waren.

Er spielte in vier Weltmeisterschaften. »Uwe, Uwe!« zu rufen war die beste Art, »Deutschland, Deutschland!« zu rufen.

Matthews

Im Jahre 1965, im Alter von 50 Jahren, rief Stanley Matthews immer noch schwere Fälle von Halluzination im englischen Fußball hervor. Die Psychiater konnten kaum all die Opfer behandeln, die ganz normal gewesen waren, bis zu dem verfluchten Moment, als sie auf diesen teuflischen Großvater trafen, der jeden Abwehrspieler verrückt werden ließ.

Die Verteidiger hielten ihn am Trikot fest oder an der Hose, nahmen ihn in den Schwitzkasten wie beim Freistilringen oder gaben ihm Karatetritte wie aus dem Polizeihandbuch, doch nie gelang es ihnen, ihn zu halten, weil sie seine Flügel nicht zu fassen bekamen. Matthews war Flügelstürmer, auf Englisch »*winger*«. »*Wing*« bedeutet Flügel, und Matthews war der Flügelstürmer, der, immer an der Außenlinie, am höchsten über englischen Boden aufstieg.

Das wußte auch Königin Elisabeth, die ihn zu »Sir Stanley Matthews« machte.

Die Weltmeisterschaft von 1966

Die Militärs ließen Indonesien in einem Blutbad versinken, eine halbe Million Tote, eine Million, wer weiß das schon genau, und General Suharto begann seine lange Diktatur, indem er die wenigen Roten, Rötlichen oder Zweifelhaften umbringen ließ, die noch lebten. Andere Militärs stürzten N'Krumah, den Präsidenten von Ghana und Propheten der afrikanischen Einheit, während ihre argentinischen Kollegen Präsident Illia durch einen Staatsstreich aus dem Amt jagten.

Zum ersten Mal in der Geschichte regierte in Indien eine Frau, Indira Gandhi. Die Militärdiktatur Ecuadors wurde durch die Studenten verjagt. Amerikanische Flugzeuge bombardierten bei einer erneuten Offensive Hanoi, doch in der amerikanischen Öffentlichkeit wuchs die Gewißheit, daß man sich nie in Vietnam hätte einmischen sollen, daß man niemals hätte bleiben sollen und daß man so schnell wie möglich wieder verschwinden sollte.

Truman Capote veröffentlichte »Kaltblütig«. Es erschienen die »Hundert Jahre Einsamkeit« von García Márquez und »Paradiso« von Lezama Lima. Der Priester Camilo Torres fiel

kämpfend in den Bergen Kolumbiens, Che Guevara ritt seinen dürren Klepper Rosinante durch Bolivien, Mao entfesselte in China die Kulturrevolution. Mehrere Atombomben fielen an der spanischen Küste bei Almería und verbreiteten, auch wenn sie nicht explodierten, gehörige Panik. Gewöhnlich gut unterrichtete Kreise in Miami prophezeiten den kurz bevorstehenden Sturz Fidel Castros, der nur noch eine Frage von Stunden sei.

In London kaute Harold Wilson auf seiner Pfeife und feierte seinen Wahlsieg, die Mädchen trugen Miniröcke, Carnaby Street diktierte die Mode und die ganze Welt trällerte die Lieder der »Beatles«, während die 8. Fußballweltmeisterschaft eröffnet wurde.

Es war dies die letzte WM für Garrincha, und auch der Abschied für den mexikanischen Torhüter, Antonio Carbajal, der einzige Spieler, der fünfmal an diesem Turnier teilgenommen hatte.

Es beteiligten sich sechzehn Mannschaften: zehn europäische, fünf amerikanische und, bemerkenswert genug, Nordkorea. Erstaunlicherweise warf die koreanische Mannschaft Italien aus dem Turnier, durch ein Tor von Pak, einem Zahnarzt aus Pyongyang, der Fußball nur in seiner Freizeit spielte. Immerhin spielten in der italienischen Auswahl keine Geringeren als Gianni Rivera und Sandro Mazzola, von denen Pier Paolo Pasolini sagte, sie spielten einen Fußball in gutem Erzählstil, unterbrochen von glänzenden Verspassagen, doch der Zahnarzt hatte sie glatt verstummen lassen.

Zum ersten Mal wurde das gesamte Turnier direkt übertragen, über Satellit, und die ganze Welt konnte, in schwarzweiß, der Schiedsrichtershow beiwohnen. In der vorigen Weltmeisterschaft hatten die europäischen Schiedsrichter 26 Partien gepfiffen; bei dieser WM leiteten sie 24 der 32 Begegnungen. Ein deutscher Schiedsrichter schenkte England das Spiel gegen Argentinien, während ein englischer Schiedsrichter Deutschland die Partie gegen Uruguay gewinnen ließ. Brasilien erging es nicht viel besser: Pelé wurde ungestraft von den Bulgaren und den Portugiesen zusammengetreten und mußte aus dem Turnier ausscheiden.

Königin Elisabeth war beim Endspiel zugegen. Sie schrie zwar kein einziges Mal »Tor!«, doch applaudierte sie diskret. Der Weltmeistertitel wurde zwischen der englischen Mannschaft um Bobby Charlton, einem Mann von gefürchtetem Sturm und Schuß, und den Deutschen um Beckenbauer entschieden, der eben seine Laufbahn begann und schon mit Frack, Handschuhen und Spazierstock spielte. Jemand hatte den »Rimet«-Pokal gestohlen, doch fand ihn ein Hund namens »Pickles« in irgendeinem Londoner Garten wieder, in den man ihn geworfen hatte. So konnte die Trophäe rechtzeitig in die Hände des Siegers gelegt werden. England setzte sich mit 4 zu 2 durch. Portugal wurde dritter, die Sowjetunion vierter. Königin Elisabeth verlieh Alf Ramsey, dem technischen Direktor der Siegerauswahl, den Adelstitel, und der Hund »Pickles« wurde zum Nationalhelden.

Die WM 66 war von der Defensivtaktik bestimmt. Alle Mannschaften mauerten und hatten einen »Ausputzer«, der sich hinter der Linie der Verteidiger alles Bedrohlichen annahm. Trotzdem konnte Eusebio, der afrikanische Meisterschütze Portugals, neunmal diese unüberwindlichen Verteidungsmauern durchdringen. Nach ihm kam in der Torschützenliste der Deutsche Haller mit sechs Treffern.

Greaves

In einem Cowboyfilm wäre er der schnellste Schütze des Wilden Westens gewesen. Auf dem Fußballplatz hatte er schon hundert Tore geschossen, bevor er zwanzig wurde, und als er fünfundzwanzig war, gab es keinen Gegner, dem er nicht gewachsen gewesen wäre. Er lief nicht, er explodierte: Jimmy Greaves hatte einen so rasanten Antritt, daß die Schiedsrichter ihn oft genug irrtümlich im Abseits sahen, denn nie wußten sie, von wo seine plötzlichen Spurts kamen und seine genauen Schüsse: Sie sahen ihn kommen, doch nie schafften sie es, ihn wieder wegtauchen zu sehen.

»Ich habe einen solchen Drang nach Toren«, sagte er, »daß es mir fast wehtut.«

Greaves hatte kein Glück bei der Weltmeisterschaft von 1966. Er schoß kein einziges Tor, und ein Anfall von Gelbsucht ließ ihn nicht am Endspiel teilnehmen.

Tor durch Beckenbauer

Es geschah bei der Weltmeisterschaft 1966. Deutschland spielte gegen die Schweiz.

Uwe Seeler stürzte mit Franz Beckenbauer nach vorn, Sancho Pansa und Don Quijote, wie von einem unsichtbaren Bogen abgeschossen, hin und her, deiner und meiner, und als die gesamte schweizerische Abwehr so nutzlos geworden war wie die Ohren eines Tauben, nahm sich Beckenbauer Torwart Elsener vor, der nach links sprang, und entschied in vollem Lauf: Er zielte nach rechts, zog ab, und drin war er.

Beckenbauer war zwanzig Jahre alt, und dies war sein erstes Tor bei einer Weltmeisterschaft. Er nahm an vier weiteren Weltmeisterschaften teil, als Spieler und als technischer Direktor, und nie erreichte er weniger als den dritten Platz. Zweimal schwenkte er den Worldcup: 1974 als Spieler und 1990 als Trainer der deutschen Mannschaft. Entgegen der vorherrschenden Tendenz zum reinen Kraftfußball im Stile einer Panzerdivision, zeigte er, daß die Eleganz mächtiger sein kann als ein Panzer und die Feinsinnigkeit durchschlagender als eine Granate.

Er war in einem Münchner Arbeiterviertel geboren worden, dieser Beherrscher des Mittelfeldes, der »Kaiser« genannt wurde und der wie ein Edelmann in Verteidigung und Angriff das Sagen hatte: Hinten entkam ihm kein einziger Ball, keine Fliege und keine Mücke, die vorbeizukommen suchte; und wenn er mit nach vorn ging, war er ein Feuersturm, der über das Spielfeld raste.

Eusebio

Seine Herkunft bestimmte ihn dazu, Schuhe zu putzen, Erdnüsse zu verkaufen oder Passanten zu beklauen. Als Kind nannte man ihn *Ninguém*: Niemand, keiner. Sohn einer Witwe, spielte er von Sonnenaufgang bis -untergang mit seinen vielen Brüdern Fußball auf den Ödflächen der Vororte.

Als er in die Stadien kam, lief er immer noch so, wie nur einer laufen kann, der vor der Polizei oder der Armut davonläuft, die ihm auf den Fersen sind. Und so, mit seinen Zick-Zack-Schüssen, wurde er mit zwanzig Jahren mit seiner Mannschaft Europameister. Da nannte man ihn den »Panther«.

Während der Weltmeisterschaft 66 ließen seine Sieben-Meilen-Schritte die Gegner reihenweise zu Boden gehen, und seine Tore, aus den unmöglichsten Winkeln geschossen, rissen die Zuschauer zu endlosen Ovationen hin.

Er war ein Afrikaner aus Moçambique, der beste Spieler in der Fußballgeschichte Portugals. Eusebio: lange Beine, hängende Schultern, trauriger Blick.

Der Fluch der drei Balken

Dieser Torhüter hatte ein Gesicht, das Hacke und Pickel der Pocken gemeißelt hatten. Seine großen Hände mit den krummen Fingern sicherten das Tor wie mit Schloß und Riegel, und seine Füße schossen Granaten ab. Von allen brasilianischen Torhütern, die ich kennengelernt habe, ist Manga derjenige, der mir am deutlichsten im Gedächtnis geblieben ist. Einmal sah ich ihn in Montevideo von Tor zu Tor einen Treffer erzielen: Manga schlug ab, und der Ball flog ins gegnerische Tor, ohne daß ihn auch nur ein Spieler berührt hatte. Damals spielte er beim Klub »Nacional«, zur Strafe. Es war ihm nichts weiter übriggeblieben, als Brasilien zu verlassen. Die brasilianische Auswahl war mit gesenktem Kopf nach Hause zurückgekehrt, hatte sich in der WM 66 nicht gerade mit Ruhm bekleckert, und Manga war der Sündenbock für diese nationale Schande. Dabei hatte er nur ein einziges Spiel über im Tor gestanden. Er beging einen Fehler, ein falsches Herauslaufen, und hatte das Pech, daß Portugal sein leeres Tor zu einem Treffer nutzen konnte. Dieser Augenblick des Pechs genügte: Torwartfehler in Brasilien trugen für lange Zeit seinen Namen und wurden *mangueiradas* genannt.

Ähnliches war während der Weltmeisterschaft 1958 geschehen, als es auch der Torhüter Amadeo Carrizo war, der für den Mißerfolg der argentinischen Auswahl den Kopf hinhalten mußte; und noch früher, 1950, als Moacyr Barbosa der Sündenbock der brasilianischen Niederlage im Stadion von Maracaná war.

In der WM von 1990 wurde Kolumbien, nachdem es eine glänzende Partie gegen Deutschland gespielt hatte, von Kamerun aus dem Turnier geworfen. Das entscheidende Tor der afrikanischen Mannschaft entstand durch einen schlimmen Fehler von Torhüter René Higuita, der bis zur Mittellinie herauslief und dort den Ball verlor. Die gleichen Fans, die solche Husarenstückchen feierten, wenn sie gelangen, wollten Higuita am liebsten zu Kleinholz machen, als er nach Kolumbien zurückkehrte.

1993 spielte die kolumbianische Elf, inzwischen ohne Higuita, in Buenos Aires die argentinische Mannschaft mit 5 zu 0 in Grund und Boden. Solche Demütigung schrie nach einem Schuldigen, und dieser Schuldige war, wie konnte es anders sein, der Torwart. Sergio Goycoechea mußte seinen Kopf für die schlimme Niederlage hinhalten. Die argentinische Auswahl war dreißig Spiele lang ungeschlagen, und für viele war Goycoechea die Erklärung für diese Großtat. Doch nach dem Torregen von Kolumbien hörte der wundertätige Verhinderer von Elfmetertoren auf, »San Goyco« zu sein, verlor seinen Platz in der Mannschaft, und mehr als einer riet ihm dazu, lieber Selbstmord zu begehen.

Die Jahre von Peñarol

Im Jahre 1966 spielten die Meister von Amerika und von Europa, »Peñarol« und »Real Madrid«, zweimal gegeneinander. Ohne besonders ins Schwitzen zu kommen, mit vorbildlicher Ballbehandlung und herrlich anzuschauendem Spiel, gewann »Peñarol« beide Spiele mit 2 zu 0.

In den 60er Jahren erbte »Peñarol« das Zepter von »Real Madrid«, der großen Mannschaft des vorigen Jahrzehnts. In jenen Jahren gewann »Peñarol« zweimal den Weltpokal der Vereinsmeister und wurde dreimal Meister in Amerika.

Wenn die beste Mannschaft der Welt auf den Platz kam, frotzelten ihre Spieler die Gegner:

»Na, habt ihr denn auch einen Ball zum Spielen mitgebracht? Dieser hier ist nämlich nur unserer.«

Der ledernen Kugel war es untersagt, ins Tor von Mazurkiewicz zu rollen, im Mittelfeld gehorchte sie »Tito« Gonçalves, und im Sturm schnurrte sie nur so auf den Füßen von Spencer und Joya. Auf Befehl von »Pepe« Sasía hin schlug sie ins Netz ein. Doch vor allem genoß sie es, wenn Pedro Rocha sie sanft wiegte.

Tor durch Rocha

Es geschah im Jahre 1969. »Peñarol« spielte gegen »Estudiantes« aus La Plata.

Rocha stand im Mittelfeld, mit dem Rücken zur gegnerischen Hälfte und von zwei Spielern gedeckt, als er die Lederkugel von Matosas zugespielt bekam. Da ließ er sie auf seinem Fuß einschlafen und drehte sich mit ihr auf dem Fuß um, spielte sie hinter seinem anderen Bein hindurch und entkam der Deckung durch Echecopar und Taverna. Er machte drei Sätze, überließ sie Spencer und spurtete weiter. Im Halbkreis vor dem Strafraum bekam er sie hoch aus der Luft zurück. Er nahm sie mit der Brust an, löste sich von Madero und Spadaro und schoß sie direkt und volley ein. Flores, der Torwart, sah sie nicht einmal.

Pedro Rocha glitt über den Rasen wie eine Schlange. Er spielte mit Vergnügen und schenkte Vergnügen: die Lust am Spiel, die Lust am Tor. Er machte mit der Lederkugel, was er wollte, und sie, sie folgte ihm einfach immer.

Ach, mein liebes, armes Mütterlein

Ende der sechziger Jahre kehrte der Dichter Jorge Enrique Adoum nach langer Abwesenheit in sein Heimatland Ecuador zurück. Kaum angekommen, vollzog er das obligatorische Ritual der Einwohner von Quito: Er ging ins Stadion, um die Mannschaft von »Aucas« spielen zu sehen. Es war ein wichtiges Spiel, und das Stadion war zum Bersten voll.

Vor Spielbeginn wurde eine Schweigeminute für die Mutter des Schiedsrichters eingelegt, die am Vorabend verstorben war. Alle erhoben sich und verharrten still. Gleich darauf hielt jemand eine Rede und lobte die vorbildliche Art dieses Sportsmannes, der das Spiel leiten sollte und dieser Pflicht noch unter traurigsten Umständen nachkam. In der Mitte des Spielfelds empfing der Mann in Schwarz mit gesenktem Kopf den rauschenden Beifall des Publikums. Adoum blinzelte und kniff sich in den Arm, er mochte seinen Augen nicht trauen: In welchem Land war er denn? Hier war ja alles anders geworden! Früher hatte die Menge für den Pfeifenmann nichts weiter als ein: »Du Hurensohn!« übrig gehabt.

Dann begann das Spiel. Nach fünfzehn Minuten raste das Stadion: Ein Tor für »Aucas«! Doch der Schiedsrichter annullierte das Tor wegen Abseits, und sofort erinnerte ihn die Menge an seine verstorbene Mutter:

»Hurenwaise!« erscholl es von der Tribüne.

Die Tränen kommen nicht aus dem Taschentuch

Der Fußball, diese Metapher des Krieges, kann manchmal wirklich zum Krieg werden. Und dann ist der »sudden death« nicht mehr nur eine dramatische Spielregel, um das Unentschieden zu vermeiden. Heutzutage ist der Fußballfanatismus in den Raum eingedrungen, der früher dem religiösen Wahn, der patriotischen Begeisterung und der politischen Leidenschaft vorbehalten war. Und genauso, wie es mit der Religion, dem Vaterland und mit der Politik geschieht, werden auch im Namen des Fußballs viele Greuel begangen, und viele Konflikte brechen durch ihn erst richtig auf.

Es gibt Menschen, die glauben, daß Männern, die vom bösen Geist des Balls besessen sind, Schaum vor den Mund tritt, und man muß zugeben, daß dies mehr als einen Fan ganz gut charakterisiert; doch selbst die unbarmherzigsten Richter müssen zugeben, daß in der Mehrzahl der Fälle die Gewalt, die sich im Fußball entlädt, nicht vom Fußball herkommt, genauso wenig wie die Tränen aus dem Taschentuch kommen.

Im Jahre 1969 gab es Krieg zwischen Honduras und El Salvador, zwei kleinen und sehr armen zentralamerikanischen Ländern, die seit mehr als einem Jahrhundert gegenseitig Groll ansammeln. Jedes der beiden Länder hatte immer als Erklärung der Probleme des anderen herhalten müssen. Die Honduraner hatten keine Arbeit? Weil die Salvadoreaner sie ihnen wegnahmen. Die Salvadoreaner litten Hunger? Weil die Honduraner sie schlecht behandelten. Jedes der beiden Völker meinte, sein Feind sei der Nachbar, und die unaufhörlichen Militärdiktaturen in beiden Ländern taten alles, um diesen Irrtum nicht aufzuklären.

Der Krieg, der 1969 ausbrach, wurde »Fußballkrieg« genannt, weil sich in den Stadien von Tegucigalpa und San Salvador die Funken entzündeten, die den Flächenbrand auslösten. Während der Ausscheidungsspiele zur Fußballweltmeisterschaft von 1970 begannen die Probleme. Es kam zu Schlägereien, es gab ein paar Tote und Verletzte. Eine Woche später brachen die beiden Länder die diplomatischen Beziehungen ab. Honduras wies hunderttausend salvadoreanische Landarbeiter aus, die seit eh und je bei Aussaat und Ernte in jenem Land ihr Brot verdient hatten, und die Panzer El Salvadors überquerten die Grenze.

Der Krieg dauerte eine Woche und kostete viertausend Menschen das Leben. Die Regierungen, die beide in der US-amerikanischen »School of the Americas« fabriziert worden waren, bliesen, so gut sie konnten, in die Flammen des Hasses. In Tegucigalpa lautete die Parole: »*Hondureño: toma un leño, mata un salvadoreño*«, was bedeutet: »Honduraner: Nimm einen Prügel und erschlag damit einen Salvadoreaner.« In San Salvador hieß es: »Diesen Barbaren muß eine Lektion erteilt werden.« Die Herren über Land und Krieg vergossen keinen einzigen Tropfen Blut, während die beiden barfüßigen Völker, in gleichem Elend lebend, sich am Falschen rächten, indem sie sich mit patriotischer Leidenschaft gegenseitig den Hals umdrehten.

Tor durch Pelé

Es geschah im Jahre 1969. Der Klub »Santos« spielte gegen »Vasco da Gama« im Stadion von Maracaná. Pelé kam wie der Blitz über den Platz, umspielte alle Gegner in der Luft, ohne überhaupt den Boden zu berühren, und als er schon fast mitsamt dem Ball im Tor war, wurde er umgestoßen.

Der Schiedsrichter pfiff Strafstoß. Pelé wollte ihn nicht schießen. Hunderttausend Kehlen zwangen ihn dazu, indem sie seinen Namen schrien.

Pelé hatte in Maracaná schon viele Tore geschossen. Herrliche Tore, wie das gegen die Mannschaft von »Fluminense« im Jahre 1961, als er sieben Gegner und schließlich noch den Torwart ausgetrickst hatte. Doch dieser Strafstoß war anders: Die Zuschauer spürten, daß etwas Heiliges an ihm war. Und deshalb schwieg auf einmal das lauteste Volk der Welt. Das Geschrei der Menge erstarb, als gehorche sie einem Befehl: Niemand sprach mehr, niemand atmete, niemand war überhaupt noch da. Plötzlich war niemand mehr auf der Tribüne, und auf dem Platz auch nicht. Pelé und der Torwart Andrade waren mutterseelenallein. Und so, allein, warteten sie ein Weilchen. Pelé neben dem Ball am weißen Elfmeterpunkt stehend. Elf Schritte davon entfernt Andrade, zum Sprung gebückt zwischen den Pfosten.

Der Torwart schaffte es zwar, den Ball zu berühren, doch Pelé schoß ihn ins Netz. Es war sein tausendstes Tor. Kein anderer Spieler in der Geschichte des Profifußballs hatte je tausend Tore geschossen.

Da erwachte die Menge wieder zum Leben und hüpfte wie ein Kind, verrückt vor Freude, und brachte die Nacht zum Leuchten.

Pelé

Hundert Lieder besingen ihn. Mit siebzehn wurde er mit Brasilien Weltmeister und König des Fußballs. Er war noch keine zwanzig, da erklärte ihn die brasilianische Regierung zum »Nationaleigentum« und verbot seinen Export. Er siegte mit der brasilianischen Auswahl in drei Weltmeisterschaften und mit dem Klub »Santos« in zwei weiteren. Nach seinem tausendsten Treffer schoß er weiter seine Tore. Mehr als tausenddreihundertmal stand er auf dem Platz, in achtzig Ländern, ein Spiel nach dem anderen in mörderischem Tempo, und er verwandelte insgesamt eintausenddreihundert Tore. Einmal stoppte er sogar einen Krieg: Nigeria und Biafra schlossen eine Waffenruhe, um ihn spielen zu sehen.

Ihn spielen zu sehen war gut und gerne einen Waffenstillstand wert, wenn nicht mehr. Wenn Pelé losspurtete, ging er durch die Gegner hindurch wie ein Messer. Wenn er stoppte, verirrten sich die Gegner in den Labyrinthen, die seine Beine auf den Rasen malten. Wenn er sprang, ging er in die Luft, als ob da eine Leiter wäre. Wenn er einen Freistoß ausführte, wollten sich die Spieler, die die Mauer bildeten, am liebsten umdrehen, um sich das Tor nicht entgehen zu lassen.

Er war in armen Verhältnissen aufgewachsen, in einem kleinen, entlegenen Dorf, und gelangte zu den Höhen der Macht und des Wohlstands, wo Schwarze sonst nicht zugelassen sind. Außerhalb des Platzes verschenkte er niemals auch nur eine Minute seiner Zeit, und nie fiel ihm ein Geldstück aus der Tasche. Doch die, die wir das Glück gehabt haben, ihn spielen zu sehen, haben ein Geschenk von seltener Schönheit erhalten: Augenblicke, die so sehr der Unsterblichkeit würdig sind, daß sie uns glauben lassen, die Unsterblichkeit gäbe es tatsächlich.

Die Weltmeisterschaft von 1970

In Prag starb Jiri Trnka, Meister des Marionettenfilms, und in London starb Bertrand Russell, nach einem sehr lebendigen Leben von fast hundert Jahren. Zwanzigjährig fiel in Managua der Dichter Leonel Rugama im einsamen Kampf gegen ein Batallion des Diktators Somoza. Die Welt verlor ihre Musik: Die »Beatles« fielen auseinander wegen einer Überdosis Erfolg, und der Gitarrist Jimi Hendrix und die Sängerin Janis Joplin verließen uns wegen einer Überdosis Drogen.

Ein Zyklon verwüstete Pakistan, und ein Erdbeben radierte fünfzehn Dörfer in den peruanischen Anden aus. In Washington glaubte niemand mehr an den Vietnamkrieg, doch der Vietnamkrieg ging weiter; dem Pentagon nach war die Zahl der Toten schon auf eine Million angewachsen, während die nordamerikanischen Generäle die Flucht nach vorn antraten und in Kambodscha einmarschierten. Allende begann seine Kampagne um die Präsidentschaft in Chile, nachdem er schon bei drei vorhergehenden Wahlen verloren hatte, und versprach Milch für alle Kinder und die Verstaatlichung des Kupfers. Gewöhnlich gut unterrichtete Kreise in Miami prophezeiten den unmittelbar bevorstehenden Sturz Fidel Castros, der nur noch eine Frage von Stunden sei. Es begann der erste Streik in der Geschichte des Vatikan, in Rom legten die Beamten des Heiligen Vaters die Stifte aus der Hand, während in Mexiko die Spieler aus sechzehn Ländern die Beine lockerten und die 9. Fußballweltmeisterschaft begann.

Diesmal beteiligten sich neun europäische Mannschaften, fünf amerikanische, Israel und Marokko. Im Eröffnungsspiel hob der Schiedsrichter zum ersten Mal eine gelbe Karte. Die gelbe Karte, Zeichen der Verwarnung, und die rote Karte, Zeichen des Platzverweises, waren nicht die einzigen Neuheiten bei der mexikanischen WM. Das Reglement verfügte auch, daß zwei Spieler während eines jeden Spiels ausgetauscht werden konnten. Bis dahin durfte nur der Torwart im Verletzungsfalle ausgewechselt werden, und es war nicht allzu schwer gewesen, die gegnerische Mannschaft durch Fußtritte zu dezimieren.

Bilder der WM 1970: der aufrechte Beckenbauer, der mit dem Arm in der Schlinge bis zur letzten Minute durchhält; der Eifer von Tostão, der, eben am Auge operiert, alle Spiele durchsteht; die Kapriolen von Pelé bei seiner letzten WM: »Wir sprangen gemeinsam«, so erzählte es Burgnich, der italienische Verteidiger, der ihn decken sollte, »doch wenn ich schon wieder auf dem Boden war, sah ich Pelé immer noch in der Luft schweben.«

Vier Weltmeister, Brasilien, Italien, Deutschland und Uruguay, standen im Halbfinale. Deutschland landete schließlich auf dem dritten Platz, Uruguay auf dem vierten. Im Endspiel überrollte Brasilien die Italiener mit 4 zu 1. Die englische Presse kommentierte: »Ein solch schöner Fußball müßte verboten werden.« Das letzte Tor riß alle von den Sitzen: der Ball lief durch die gesamte brasilianische Mannschaft, alle elf Spieler berührten ihn, bis Pelé ihn schließlich wie auf dem Tablett und ohne hinzusehen Carlos Alberto servierte, der in vollem Lauf daherkam und einschoß.

Der deutsche »Bomber« Müller führte mit zehn Treffern die Torschützenliste an, gefolgt von dem Brasilianer Jairzinho mit sieben.

Zum dritten Male ungeschlagen Weltmeister, durfte Brasilien den »Rimet«-Pokal mit nach Hause nehmen und behalten. Ende 1983 wurde der Pokal gestohlen und verkauft, nachdem man ihn zu zwei Kilo purem Gold zusammengeschmolzen hatte. Eine Kopie nimmt in der Vitrine seinen Platz ein.

Tor durch Jairzinho

Es geschah bei der Weltmeisterschaft von 1970. Brasilien spielte gegen England. Tostão bekam den Ball von Paulo César zugespielt und trieb ihn, soweit er konnte. Er fand ganz England im eigenen Strafraum versammelt. Sogar noch die Königin war anwesend. Tostão verlud einen, noch einen und dann noch einen Spieler und gab dann zu Pelé ab. Drei weitere Spieler fielen sofort über ihn her: Pelé tat so, als liefe er mit dem Ball weiter, und die drei Gegner liefen ins Leere, während er abbremste, sich drehte und den Ball Jairzinho zuschob, der von hinten dazukam. Jairzinho hatte das Abschütteln von Verfolgern gelernt, als er sich im härtesten Elendsviertel von Rio de Janeiro durchschlug: Er schoß los wie eine schwarze Kugel, wich einem Engländer aus, und der Ball, die weiße Kugel, schlug ins Tor von Banks.

Das war das Siegestor. Es war ein Fest, wie sich der brasilianische Angriff die sieben Bewacher vom Halse geschafft hatte. Und diese Festung aus Stahl war von jenem heißen Wind geschmolzen worden, der aus dem Süden kam.

Das Fest

Es gibt in Brasilien einige Dörfer und Weiler, die keine Kirche haben, doch keines ohne Fußballplatz. Sonntag ist der Tag, an dem die Herzspezialisten des Landes Hochkonjunktur haben. An jedem gewöhnlichen Sonntag kann immer jemand vor Aufregung sterben, während er der Ballmesse beiwohnt. An einem Sonntag ohne Fußball wiederum kann immer jemand vor Langeweile umkommen.

Als die Mannschaft Brasiliens bei der Weltmeisterschaft von 1966 Schiffbruch erlitt, gab es Selbstmorde, Nervenzusammenbrüche, Fahnen, die auf halbmast gesetzt wurden, und schwarzen Trauerflor an den Türen, und eine tanzende Prozession von Trauernden zog durch die Straßen und begrub den nationalen Fußball mit Sarg und allem Drum und Dran. Vier Jahre später errang Brasilien zum dritten Male den Meistertitel. Da schrieb Nelson Rodrigues, die Brasilianer hätten die Angst vor der eigenen Courage verloren und seien allesamt zu Königen mit Hermelinmantel und Krone geworden.

Bei der WM 1970 spielte Brasilien einen Fußball, der der Lust am Feiern und der Freude an der Schönheit seiner Bevölkerung würdig war. Längst hatte sich auf der Welt die Mittelmäßigkeit des Defensivfußballs durchgesetzt, fast die gesamte Mannschaft mauert in der Verteidigung, während vorne ein oder zwei Stürmer einsam spielen; Risiko und Spontaneität waren längst verboten worden. Da rief dieses Brasilien Erstaunen hervor: Es brachte eine Mannschaft auf den Platz, die besten Offensivfußball spielte, mit vier Sturmspitzen, Jairzinho, Tostão, Pelé und Rivelino, die manchmal zu fünft oder sechst waren, wenn Gerson und Carlos Alberto mit nach vorne kamen. Im Finale spielte diese Dampfwalze Italien in Grund und Boden.

Ein Vierteljahrhundert später würde man solche Kühnheit für Selbstmord halten. Bei der Weltmeisterschaft 1994 gewann Brasilien einen weiteren Titel gegen Italien. Es gewann beim Elfmeterschießen, nach einhundertzwanzig torlosen Minuten. Ohne Elfmeter wären die Tore für immer unerreichbar geblieben.

Die Generäle und der Fußball

Während des Siegeskarnevals nach der gewonnenen Meisterschaft von 1970 verteilte der General Médici, der Diktator Brasiliens, Geld unter den Spielern, posierte für die Fotografen mit dem Pokal in den Händen und köpfte sogar vor den Kameras einen Ball. Der Marsch, der für die Mannschaft komponiert worden war, »Pra frente Brasil«, wurde zur offiziellen Hymne dieser Regierung, während das Bild Pelés, wie er über den Rasen fliegt, im Fernsehen Werbespots illustrierte, die da verkünden: »Jetzt hält niemand mehr Brasilien auf.« Als Argentinien 1978 die Weltmeisterschaft gewann, benutzte der General Videla mit den gleichen Absichten das Bild von Kempes, der unhaltbar war wie ein Wirbelsturm.

Der Fußball ist Vaterland, der Fußball ist Macht: »Ich bin das Vaterland«, so sagten es diese Militärdiktaturen.

Unterdessen machte sich General Pinochet, der oberste Herrscher Chiles, zum Präsidenten des Vereins Colo-Colo, des beliebtesten im ganzen Land, und General García Meza, der sich Boliviens bemächtigt hatte, machte sich zum Präsidenten von »Wilstermann«, eines Vereins mit zahlreicher und kämpferischer Anhängerschaft.

Der Fußball ist das Volk, der Fußball ist Macht: »Ich bin das Volk«, sagten diese Militärdiktaturen.

Augenzwinkern

Eduardo Andrés Maglioni, Stürmer beim argentinischen Verein »Independiente«, errang einen Platz im »Guinness-Buch der Rekorde«. Er war der Spieler, der die meisten Tore in der kürzesten Zeit geschossen hatte.

1973, zu Beginn der 2. Halbzeit zwischen »Independiente« und »Gimnasia y Esgrima« aus La Plata, bezwang Maglioni den gegnerischen Torhüter Guruciaga dreimal innerhalb von einer Minute und fünfzig Sekunden.

Tor durch Maradona

Es geschah 1973. In Buenos Aires standen sich die beiden jüngsten Jugendmannschaften von »Argentinos Juniors« und von »River Plate« gegenüber.
Die Nummer 10 von »Argentinos« bekam den Ball vom Torwart, trickste den gegnerischen Mittelstürmer aus und spurtete los. Mehrere Spieler versuchten ihn zu stoppen: einem spielte er den Ball über den Kopf, dem anderen zwischen den Beinen hindurch, und den Dritten umspielte er mit einem Hackentrick. Dann ließ er die Verteidiger stehen und den Torwart zu Boden gehen und spazierte gemütlich mit dem Ball ins Tor. Auf dem Platz ließ er sieben völlig fertige Kinder zurück und vier, die den Mund nicht mehr zubekamen.
Diese Zwergenmannschaft, die »Zwiebelchen«, war hundert Spiele lang ungeschlagen und hatte so die Aufmerksamkeit der Sportreporter auf sich gezogen. Einer der Spieler, der »Giftpfeil«, der dreizehn Jahre alt war, erklärte:
»Wir spielen nur zu unserem Vergnügen. Für Geld werden wir nie spielen. Wenn es erstmal um Geld geht, will jeder der große Star sein, und dann geht es los mit dem Neid und dem Egoismus.«
Er sprach Arm in Arm mit dem beliebtesten Spieler von allen, gleichzeitig der Lustigste und der Kleinste: Diego Armando Maradona, der zwölf Jahre alt war und gerade dieses unglaubliche Tor geschossen hatte.
Maradona hatte die Angewohnheit, die Zunge herauszustrecken, wenn er zum Schuß ansetzte. Alle seine Tore hatte er mit herausgestreckter Zunge gemacht. Nachts hielt er beim Schlafen den Ball im Arm, und am Tage machte er mit ihm Zauberkunststücke. Er wohnte in einem bescheidenen Haus in einem bescheidenen Viertel und wollte Industrietechniker werden.

Die Weltmeisterschaft von 1974

Präsident Nixon hing angeschlagen und mit weichen Knien wegen des unablässigen Trommelfeuers des Spionageskandals von Watergate in den Seilen, während eine Sonde zum Planeten Jupiter reiste und in Washington jener Leutnant für unschuldig erklärt wurde, der in Vietnam einhundert Zivilisten ermordet hatte, die ja, wenn man's recht besah, nicht mehr waren als hundert, und dazu noch Zivilisten, und außerdem Vietnamesen.

Es starben die Schriftsteller Miguel Angel Asturias und Pär Lagerkvist und der Maler David Alfaro Siqueiros. Auf seinem Totenbett lag General Perón, der die Geschichte Argentiniens mit Feuer gebrandmarkt hatte. Es starb auch Duke Ellington, der König des Jazz. Die Tochter eines Pressezaren, Patricia Hearst, verliebte sich in ihren Entführer, schmähte ihren Vater als bürgerliches Schwein und begann, Banken zu überfallen. Gewöhnlich gut unterrichtete Kreise in Miami sagten den kurz bevorstehenden Sturz Fidel Castros voraus, der nur noch eine Frage von Stunden sei.

In Griechenland fiel die Diktatur, und es fiel die Diktatur auch in Portugal, wo zu den Klängen des Liedes »Grandola, vila morena« die Nelkenrevolution der ausbrach. Dagegen festigte sich die Diktatur von Augusto Pinochet in Chile, und in Spanien wurde Francisco Franco in das Hospital »Francisco Franco« eingeliefert, erkrankt an Macht und an den Jahren.

In einem historischen Volksentscheid stimmten die Italiener für die Scheidung, die ihnen besser erschien als der Dolch, das Gift oder andere Methoden, die die Tradition zur Lösung ehelicher Streitigkeiten vorsah. In einer nicht weniger historischen Abstimmung wählten die Funktionäre des internationalen Fußballs João Havelange zum Präsidenten der FIFA, und während Havelange in Zürich den geachteten Stanley Rous ablöste, begann in Deutschland die 10. Fußballweltmeisterschaft.

Es gab einen neuen Pokal. Er war häßlicher als der Rimet-Pokal, doch es stritten neun europäische Mannschaften um ihn und fünf amerikanische, dazu Australien und Zaïre. Die Sowjetunion war schon vorher ausgeschieden. Während der Qualifikationsspiele hatten sich die Sowjetrussen geweigert, im Nationalstadion von Chile zu spielen, das kurz zuvor Konzentrationslager und Hinrichtungsstätte gewesen war. Da hatte die chilenische Mannschaft das kläglichste Spiel in der Geschichte des Fußballs bestritten: Sie hatte gegen niemanden gespielt und in ein leeres Tor Bälle geschossen, die vom Publikum begeistert gefeiert wurden. Später bei der WM gewann Chile kein einziges Spiel.

Überraschung: Die holländischen Spieler reisten in Begleitung ihrer Frauen, Verlobten oder Freundinnen nach Deutschland und gingen mit ihnen ins Trainingslager. Es war

das erste Mal, daß so etwas vorkam. Und noch eine Überraschung: Die Holländer hatten Flügel an den Füßen und erreichten ungeschlagen das Endspiel, mit 14 zu 1 Toren, das dazu noch einer von ihnen aus reinem Pech selbst geschossen hatte. Die WM 74 kreiste um das »Uhrwerk Orange«, die unschlagbare Erfindung von Cruyff, Neeskens, Rensenbrink, Krol und den anderen Spielern, die der Trainer Rinus Michels leitete.

Zu Beginn des Endspiels tauschte Cruyff mit Beckenbauer die Wimpel. Und es geschah die dritte Überraschung: Der »Kaiser« und die Seinen verdarben den Holländern den Spaß. Maier, der wie der Teufel hielt, Müller, der wie der Teufel schoß, und Breitner, der wie der Teufel aufbaute, verpaßten der beliebten Mannschaft zwei kalte Duschen, und entgegen den Prognosen gewannen die Deutschen mit 2 zu 1. Und es wiederholte sich die Geschichte von 1954, als in der Schweiz die Deutschen das unschlagbare Ungarn besiegten.

Nach Deutschland und den Niederlanden erreichte Polen den dritten Rang. Auf den vierten Platz kam Brasilien, das nicht mehr das sein konnte, was es einmal gewesen war. Ein polnischer Spieler, Lato, war der Torschützenkönig dieser WM mit sieben Treffern, gefolgt von einem weiteren Polen, Szarmach, und dem Holländer Neeskens mit je fünf Toren.

Cruyff

Die holländische Auswahl wurde das »Uhrwerk Orange« genannt, dabei hatte es eigentlich gar nichts von einer Mechanik, dieses Werk der Phantasie, das alle Welt mit seinen ständigen Wechseln aus der Fassung brachte. Wie die »Maschine« von »River Plate«, die genauso ihren Namen Lügen strafte, so lief dieses hellrote Feuer vor und zurück, getrieben von einem weisen Wind, der es hin- und hertrug: Alle griffen an, alle verteidigten, schwärmten schwindelerregend schnell im Fächer aus und zogen sich ebenso schnell wieder zurück, und der Gegner verlor den Überblick angesichts einer Mannschaft, in der jeder Spieler alle elf war.

Ein brasilianischer Sportreporter nannte es »die organisierte Organisationslosigkeit«. Das Spiel dieser holländischen Mannschaft hatte Musik, und der, der die Melodie aller Stimmen dieses Orchesters bestimmte und Mißtöne und falsches Spiel vermied, war Johan Cruyff. Als Dirigent, der gleichzeitig in diesem Orchester spielte, rackerte Cruyff mehr als jeder andere.

Dieser schmale Zappelphilipp hatte beim Klub »Ajax« in Amsterdam angefangen, als er noch ein Kind war: Während seine Mutter in der Vereinskantine bediente, arbeitete er als

Balljunge, putzte die Stiefel der Spieler, stellte die Eckfahnen auf und machte alles, worum man ihn bat, und nichts, was man ihm befahl. Er wollte gern spielen, aber man ließ ihn nicht, weil er körperlich zu schwach war und einen zu dicken Kopf hatte. Als man ihn dann doch einmal ließ, war er bald Stammspieler. Und noch als Knabe gab er seinen Einstand in der holländischen Nationalmannschaft, spielte hervorragend, machte ein Tor und schlug mit einem Faustschlag den Schiedsrichter k.o.

Und er blieb ein Hitzkopf und war dabei ein talentierter Schwerarbeiter. In zwei Jahrzehnten gewann er zweiundzwanzig Meisterschaften, in den Niederlanden und in Spanien. Mit siebenunddreißig, nachdem er sein letztes Tor geschossen hatte, trat er ab, getragen auf den Schultern der Menge, die ihn vom Stadion nach Hause begleitete.

Müller

Sein Trainer bei Bayern München hatte ihm gesagt: »Du wirst es nie zu etwas bringen im Fußball. Mach besser was anderes.«

Zu jener Zeit arbeitete Gerd Müller zwölf Stunden am Tag in einer Textilfabrik.

Elf Jahre später wurde dieser untersetzte, kurzbeinige Spieler mit seiner Mannschaft Weltmeister. Niemand schoß mehr Tore in der Geschichte der deutschen Bundesliga und in der Nationalmannschaft.

Der böse Wolf war auf dem Platz überhaupt nicht zu erkennen. Als Großmütterchen verkleidet, die Zähne und Klauen gut versteckt, vertrieb er sich die Zeit mit sauberem Paßspiel und anderen guten Werken. Unterdessen und ohne daß es irgend jemand merkte, machte er sich an den Strafraum heran. Vor dem offenen Tor leckte er sich die Lefzen: Das Netz war wie der Brautschleier eines unwiderstehlichen Mädchens. Und da ließ er mit einem Schlag seine Maske fallen und biß zu.

Havelange

Im Jahr 1974, nach langem Aufstieg, erreichte Jean Marie Faustin de Godefroid Havelange die Spitze der FIFA. Und erklärte prompt:
»Ich bin hier, um ein Produkt zu verkaufen, das Fußball heißt.«
Seither übt Havelange die absolute Macht über den Fußball auf der Welt aus. An seinem Thron klebend, umgeben von einem Hofstaat gieriger Technokraten, regiert Havelange von seinem Palast in Zürich aus. Er herrscht über mehr Länder als die Vereinten Nationen, reist häufiger als der Papst und hat mehr Auszeichnungen erhalten als jeder Kriegsveteran.

Havelange wurde in Brasilien geboren, wo ihm »Cometa« gehört, das größte Transportunternehmen des Landes, und andere Firmen, die auf Finanzspekulation, Waffenhandel und Lebensversicherungen spezialisiert sind. Doch sind seine Ansichten nicht sehr brasilianisch. Ein englischer Journalist von der Londoner »Times« fragte ihn einmal:
»Was bringt beim Fußball das meiste Vergnügen? Der Ruhm? Die Schönheit? Der Sieg? Die Poesie?«
Und er antwortete nur:
»Die Disziplin.«

Dieser greise Monarch hat die Geographie des Fußballs verändert und ihn in eines der größten multinationalen Geschäfte verwandelt. Unter seiner Herrschaft hat sich die Zahl der Mannschaften, die an den Fußballweltmeisterschaften teilnehmen, verdoppelt: 1974 waren es noch sechzehn, 1998 werden es zweiunddreißig sein. Und dem zufolge, was man durch den Nebel der Bilanzen erraten kann, haben sich die Einkünfte aus diesen Turnieren so wundersam vermehrt, daß jenes berühmte biblische Wunder vom Brot und den Fischen wie ein Witz aussieht daneben.

Die neuen Größen im Weltfußball, Länder aus Afrika, dem Mittleren Osten und Asien, verschaffen Havelange eine breite Unterstützung, doch nährt sich seine Macht vor allem aus den Verträgen mit einigen riesigen Konzernen wie Coca-Cola und »adidas«. Es war Havelange, der erreichte, daß »adidas« die Kandidatur seines Freundes Juan Antonio Samaranch zum Präsidenten des Internationalen Olympischen Komitees unterstützte. Samaranch, der es während der Franco-Diktatur verstand, Blauhemd zu tragen und den Arm auszustrecken, ist seit 1980 der zweite König des internationalen Sports. Beide bewegen sie riesige Geldmengen. Wieviel genau, weiß niemand. Was diesen Punkt angeht, sind sie sehr zurückhaltend.

Die Ballbesitzer

Die FIFA, deren Thron in Zürich steht, das Internationale Olympische Komitee, das von Lausanne aus regiert, und die Firma »ISL Marketing«, die ihre Geschäfte in Luzern abwickelt, richten Fußballweltmeisterschaften und Olympiaden aus. Wie man sieht, haben diese drei mächtigen Organisationen ihren Sitz in der Schweiz, einem Land, das durch die Treffsicherheit von Wilhelm Tell, die Genauigkeit seiner Uhren und durch die religiöse Verehrung des Bankgeheimnisses berühmt geworden ist. Und tatsächlich haben auch diese drei Organisationen ein außerordentliches Schamgefühl, wenn es um das Geld geht, das durch ihre Hände fließt und das in ihren Händen bleibt.

Die »ISL Marketing« ist mindestens bis Ende des Jahrhunderts im Besitz der Exklusivrechte für den Verkauf von Werbeflächen in den Stadien, auf Filmen und Videokassetten, für Abzeichen, Fähnchen und Maskottchen der internationalen Sportveranstaltungen. Dieses Unternehmen gehört den Erben

von Adolph Dassler, des Gründers der Firma »adidas«, Bruder und Erzfeind des Gründers der Konkurrenzfirma »Puma«. Als sie das Monopol dieser Rechte an die Familie Dassler gaben, übten sich Havelange und Samaranch in der noblen Pflicht der Dankbarkeit: Das Unternehmen »adidas«, größter Sportartikelhersteller der Welt, hatte sehr großzügig dazu beigetragen, ihre Macht zu festigen. 1990 verkauften die Dasslers ihre Firma an den französischen Unternehmer Tapie, doch behielten sie »ISL«, das sie gemeinsam mit der japanischen Werbeagentur Dentsu kontrollieren.

Das Geschäft mit dem Sport ist wahrlich lukrativ. 1994 nannte Havelange bei einer Rede vor Geschäftsleuten in New York einige Zahlen, was er sonst nicht so häufig tut:

»Ich kann versichern, daß das finanzielle Aufkommen des Fußballs auf der Welt jährlich die Summe von 225 Milliarden Dollar erreicht.«

Und er prahlte damit, indem er dieses Vermögen mit den 136 Milliarden Dollar verglich, die im Jahre 1993 der Konzern »General Motors« umgesetzt hatte, der an der Spitze der größten multinationalen Unternehmen steht.

In der gleichen Rede wies Havelange darauf hin, daß der Fußball »ein kommerzielles Produkt ist, das so klug wie möglich verkauft werden muß«, und rief das oberste Gesetz der Weisheit in der heutigen Welt ins Gedächtnis:

»Besonders auf eine gute Verpackung muß Wert gelegt werden.«

Der Verkauf der Fernsehrechte ist die Ader, die am meisten hergibt, in der ertragreichen Mine der internationalen sportlichen Wettbewerbe, und die FIFA und das Internationale Olympische Komitee erhalten den Löwenanteil von dem, was der Verkauf der Fernsehrechte einbringt. Die Summe hat sich spektakulär vervielfacht, seit das Fernsehen die internationalen Turniere direkt und in alle Länder zu übertragen begann. Die Olympischen Spiele von Barcelona 1992 kosteten das Fernsehen sechshundertunddreißigmal mehr als die Olympischen Spiele von Rom, als die Übertragung nur auf nationaler Ebene zu sehen war.

Und wenn es darum geht, welche Firmen bei welchem Turnier werben dürfen, dann fällt Havelange und Samaranch die Entscheidung genauso leicht wie der Familie Dassler: Man muß die wählen, die am meisten zahlen. Die Maschine, die jede Leidenschaft in Geld verwandelt, kann sich nicht den Luxus leisten, die gesündesten und empfehlenswertesten Produkte für das Sportlerleben bewerben zu lassen: Sie steht schlicht und einfach immer dem Meistbietenden zur Verfügung, und es interessiert sie ausschließlich, ob Mastercard besser oder schlechter zahlt als Visa, und ob Fujifilm mehr Geld auf den Tisch legt als Kodak oder nicht. Coca-Cola, das nahrhafte Elixier, das im Körper keines Athleten fehlen darf, steht immer ganz oben auf der Liste. Seine millionenschweren Tugenden sorgen dafür, daß das außer Zweifel steht.

In diesem Fußball am Ende des Jahrhunderts, der so vom *marketing* und von den *sponsors* abhängt, überrascht es nicht, daß einige der wichtigsten europäischen Vereine Unterneh-

men sind, die anderen Unternehmen gehören. »Juventus« aus Turin gehört wie Fiat zur Gruppe Agnelli. Der AC Mailand ist eines der dreihundert Unternehmen der Gruppe Berlusconi. Der Verein »Parma« gehört der Firma Parmalat, der von »Sampdoria« dem Ölkonzern Mantovani. »Fiorentina« ist Eigentum des Filmproduzenten Cecchi Gori. Der Verein »Olympique Marseille« kam an die Spitze des europäischen Fußballs, als er eines der Unternehmen von Bernard Tapie wurde, bis ein Bestechungsskandal den erfolgreichen Unternehmer ruinierte. »Saint Germain« aus Paris gehört dem Fernsehkanal »Plus«. Die Firma »Peugeot«, Sponsor des Vereins »Sochaux«, ist auch Besitzerin seines Stadions. »Philips« ist Eigentümer des holländischen Klubs PSV aus Eindhoven. »Bayer« führen die beiden Vereine der deutschen Bundesliga im Namen, die diese Firma finanziert: Bayer Leverkusen und Bayer Uerdingen. Dem Erfinder und Eigentümer von »Astrad«-Computern gehört auch der britische Klub »Tottenham Hotspurs«, dessen Aktien an der Börse gehandelt werden, und »Blackburn Rovers« ist im Besitz der Gruppe »Walker«. In Japan, wo der Profifußball noch jung ist, haben die wichtigsten Unternehmen Vereine gegründet und internationale Stars unter Vertrag genommen, ausgehend von der Gewißheit, daß der Fußball eine Sprache ist, die überall verstanden wird und die dazu beitragen kann, ihren Namen auf der ganzen Welt noch bekannter zu machen. Die Elektronikfirma Furukawa gründete den Klub »Jef United Ichihara« und holte sich den deutschen Starfußballer Pierre Littbarski und die beiden Tschechen Frantisek und Pavel. Der Konzern »Toyota« schuf den Verein »Nagoya Grampus«, der in seinen Reihen auf den englischen Torjäger Gary Lineker zählen konnte. Der altgediente, doch immer noch glänzende Zico spielte für »Kashima«, der der Industrie- und Finanzgruppe »Sumitomo« gehört. Auch die Firmen »Mazda«, »Mitsubishi«, »Nissan«, »Panasonic« und »Japan Airlines« haben ihre eigenen Fußballklubs.

Der Klub mag Geld verlieren, doch zählt dieses Detail nicht besonders, wenn er dabei der Unternehmensgruppe, zu der er gehört, ein gutes Image verleiht. Deshalb ist die Eigentümerschaft kein Geheimnis: Der Fußball dient der Werbung der Firmen, und es gibt kein Public-Relations-Instrument auf der Welt, das mehr Menschen erreicht. Als Silvio Berlusconi den bankrotten Mailänder Klub kaufte, läutete er die neue Ära ein, indem er die komplette Choreographie eines großen Werbefeldzugs durchführen ließ. Eines Abends im Jahre 1987 schwebten die elf Spieler des »AC Mailand« langsam in einem Hubschrauber ins Stadion ein, während aus den Lautsprechern die Walküren Wagners galoppierten. Bernard Tapie, ebenfalls Spezialist der Selbstdarstellung, pflegte die Siege von »Olympique Marseille« mit rauschenden Festen zu feiern, bei denen Feuerwerke abgebrannt wurden und Laserstrahlen leuchteten und die besten Rockgruppen aufspielten.

Der Fußball, Quelle der Emotionen der Massen, bringt Ruhm und Macht. Die Vereine, die eine gewisse Unabhängigkeit besitzen und nicht direkt von anderen Unternehmen abhängen, werden gewöhnlich von unbekannten Geschäftsleuten und Politikern der zweiten Reihe geführt, die den Fußball als Prestige-Sprungbrett benutzen, um einen größeren Bekanntheitsgrad zu erreichen. Es gibt allerdings auch, selten genug, umgekehrte Fälle: Männer, die ihren hart verdienten Ruhm in den Dienst des Fußballs stellen, wie der englische Sänger Elton John, der Präsident seines Lieblingsklubs »Watford« war, oder der Filmregisseur Francisco Lombardi, der dem Verein »Sporting Cristal« in Peru vorsitzt.

Jesús

Mitte 1969 wurde in den Bergen des spanischen Guadarramagebirges ein großer Festsaal eröffnet, für Hochzeiten, Taufen und Kongresse. Noch während des Eröffnungsbanketts brach der Boden ein, das Dach stürzte zusammen, und die Gäste wurden von Trümmern begraben. Es gab zweiundfünfzig Tote. Das Gebäude war mit staatlichen Zuschüssen gebaut worden, aber weder mit Baugenehmigung noch mit abgezeichneten Bauplänen, noch mit verantwortlichen Architekten.

Der Eigentümer und Bauherr des kurzlebigen Gebäudes, Jesús Gil y Gil, kam ins Gefängnis. Zwei Jahre und drei Monate verbrachte er hinter Gittern, vierzehn Tage für jeden Toten, bis er von Generalissimus Franco begnadigt wurde. Kaum war er wieder in Freiheit, nahm Jesús seine alten Geschäfte auf und diente dem Fortschritt seines Vaterlandes in der Bauindustrie.

Einige Zeit später machte sich dieser Unternehmer zum Eigentümer eines Fußballvereins, des »Atlético« von Madrid. Dank des Fußballs, der ihn zu einer Fernsehpersönlichkeit machte und ihm Popularität verschaffte, konnte Jesús seine politische Karriere vorantreiben. Im Jahre 1991 wurde er zum Bürgermeister von Marbella gewählt, mit dem höchsten Stimmenanteil ganz Spaniens. In seiner Wahlkampagne versprach er, dieses Tourismuszentrum von Dieben, Betrunkenen und Drogenabhängigen zu reinigen, damit es wieder der gesunden Erholung arabischer Scheichs und internationaler Mafiosi dienen konnte, die sich auf Waffen- und Drogenhandel spezialisierten.

Der Verein »Atlético« ist nach wie vor die Grundlage seiner Macht und seines Prestiges, auch wenn die Mannschaft allzu oft verliert. Die Trainer überleben dort nicht länger als ein paar Wochen. Jesús Gil y Gil holt sich Rat bei seinem Pferd »Imperioso«, einem sehr feurigen Schimmelhengst:

»Imperioso, wir haben wieder verloren.«
»Ich weiß, Gil.«
»Wer hat schuld daran?«
»Ich weiß nicht, Gil.«
»Doch, das weißt du genau. Der Trainer hat schuld.«
»Na, dann schmeiß ihn halt raus.«

Die Weltmeisterschaft von 1978

In Deutschland starb der beliebte Käfer von Volkswagen, in England kam das erste Retortenbaby zur Welt, in Italien wurde die Abtreibung legalisiert. Es gab die ersten Aidsopfer, einem Fluch, der noch keinen Namen hatte. Die Roten Brigaden ermordeten Aldo Moro, die Vereinigten Staaten verpflichteten sich, den Panamakanal zurückzugeben, den sie Anfang des Jahrhunderts an sich gerissen hatten. Gewöhnlich gut unterrichtete Kreis in Miami prophezeiten den unmittelbar bevorstehenden Sturz Fidel Castros, der nur noch eine Frage von Stunden sei. In Nicaragua wackelte die Somozadynastie, die Militärs von Guatemala schossen im Dorf Panzós eine Versammlung von Bauern zusammen. Domitila Barrios und vier weitere Frauen begannen einen Hungerstreik gegen die Militärdiktatur von Bolivien, bald war ganz Bolivien im Streik, die Diktatur brach zusammen. Die argentinische Militärdiktatur erfreute sich hingegen bester Gesundheit, und um es zu beweisen, lud sie zur 11. Fußballweltmeisterschaft ein.

Diesmal beteiligten sich zehn europäische Länder, vier amerikanische, Iran und Tunesien. Der Papst schickte aus Rom seinen Segen. Zu den Klängen eines Militärmarsches verlieh General Videla während der Eröffnungsfeier Havelange im Monumentalstadion von Buenos Aires eine besondere Auszeichnung. Wenige Schritte von dort entfernt lief auf vollen Touren das argentinische Auschwitz, das Folter- und Vernichtungszentrum der Marineschule für Mechanik. Und nur wenige Kilometer weiter warfen Flugzeuge Gefangene lebend ins Meer hinab.
»Endlich kann die Welt das wahre Argentinien kennenlernen«, freute sich vor den Fernsehkameras der FIFA-Präsident. Ehrengast Henry Kissinger verkündete:
»Dieses Land hat auf allen Ebenen eine große Zukunft.«
Und Berti Vogts, Kapitän der deutschen Mannschaft, der den Anstoß beim Eröffnungsspiel tat, erklärte ein paar Tage später:
»Argentinien ist ein Land, in dem Ordnung herrscht. Ich habe keinen einzigen politischen Gefangenen gesehen.«
Die Hausherren gewannen ein paar Spiele, verloren jedoch gegen Italien und spielten gegen Brasilien nur unentschieden.

Um ins Endspiel gegen die Niederlande zu gelangen, mußten sie Peru in einem wahren Torregen ersäufen. Argentinien erzielte haushoch das Ergebnis, das es brauchte, doch der Torsegen von 6 zu 0 erfüllte die Böswilligen mit Argwohn, und die Gutwilligen auch. Die Peruaner wurden bei ihrer Rückkehr nach Lima gesteinigt.

Das Endspiel zwischen Argentinien und Holland wurde in der Verlängerung entschieden. Die Argentinier gewannen mit 3 zu 1, und in gewisser Weise wurde dieser Sieg erst durch den Patriotismus des Pfostens möglich, der das argentinische Tor in der letzten Minute der regulären Spielzeit rettete. Diesem Pfosten, an dem ein Schuß von Rensenbrink abprallte, wurden nie militärische Ehren zuteil, wohl wegen allgemeiner menschlicher Undankbarkeit. Auf alle Fälle entscheidender waren die Tore von Mario Kempes, einem unhaltbaren Fohlen, das mit im Wind flatternder Mähne über den konfettibeschneiten Rasen galoppierte.

Als es daran ging, die Trophäen in Empfang zu nehmen, weigerten sich die holländischen Spieler, den Führern der argentinischen Diktatur die Hand zu geben. Der dritte Platz ging an Brasilien, der vierte an Italien.

Kempes war der beste Spieler dieser WM und mit sechs Treffern auch der erfolgreichste Torschütze. Dahinter kamen der Peruaner Cubillas und der Holländer Rensenbrink mit je fünf Toren.

Die Glückseligkeit

Fünftausend Journalisten aus aller Welt, ein hochmodernes Presse- und Fernsehzentrum, makellose Stadien, neue Flughäfen: ein Modell beispielhafter Effizienz. Die älteren unter den deutschen Presseleuten gestanden, daß sie die Weltmeisterschaft von 1978 an die Olympischen Spiele von 1936 erinnerten, die Hitler mit großem Pomp in Berlin gefeiert hatte.

Die Bilanzen waren Staatsgeheimnis. Es gab viele Millionen Dollar Verlust und viele Millionen Dollar Gewinn, wer weiß wieviele, niemals hat man es erfahren, doch in alle vier Winde wurde das Lächeln eines glücklichen Landes unter der Militärregierung verbreitet. Unterdessen setzten die hohen Offiziere, die die WM organisierten, weil es ein Krieg war oder für alle Fälle, ihren Vernichtunsgsplan fort. Die »Endlösung«, der sie selbst diesen Namen gaben, mordete spurlos viele tausend Argentinier, wer weiß wieviele, niemals hat man es erfahren: Wer es herausfinden wollte, den verschluckte die Erde. Die Neugier war, genauso wie die andere Meinung, wie der Zweifel, ausreichender Beweis für Subversion. Der Präsident des »Bauernverbandes Argentiniens«, Celedonio Pereda, erklärte, daß dank des Fußballs »mit den Diffamierungen Schluß gemacht wird, die entartete Argentinier unter Verwendung der Gelder aus Überfällen und Entführungen in den westlichen Medien verbreiten«. Man durfte nicht einmal die Spieler kritisieren, noch den Trainer. Die argentinische Auswahl erlitt während des Turniers eine Reihe von Niederlagen, doch wurde sie von der nationalen Presse pflichtbewußt beklatscht.

Um ihr internationales Image aufzupolieren, zahlte die Diktatur einer auf so etwas spezialisierten nordamerikanischen Firma eine halbe Million Dollar. Das Gutachten der Experten von »Burson-Masteller« stand unter der Überschrift: »Was richtig ist für Produkte, ist auch richtig für Länder.« Admiral Carlos Alberto Lacoste, der starke Mann der WM, erklärte es in einem Interview so:

»Wenn ich nach Europa fahre oder in die Vereinigten Staaten, was beeindruckt mich dann am meisten? Die großen Bauwerke, die großen Flughäfen, die phantastischen Autos, die Luxusgeschäfte ...«

Der Admiral, ein begabter Zauberkünstler beim Verschwindenlassen von Dollars und Hervorzaubern plötzlicher Reichtümer, bemächtigte sich der Weltmeisterschaft nach dem mysteriösen Mord an einem anderen Militär, der ursprünglich mit der Aufgabe betraut war. Lacoste verwaltete ohne irgendeine Kontrolle riesige Summen und behielt anscheinend aus Zerstreutheit ein bißchen Wechselgeld. Selbst der Finanzminister der Diktatur, Juan Alemann, kritisierte solche Verschwendung öffentlicher Mittel und formulierte ein paar peinliche Fragen. Der Admiral pflegte bei solchen Gelegenheiten zu drohen:

»Die sollen sich hinterher nicht beschweren, wenn bei ihnen eine Bombe hochgeht ...«

Und tatsächlich explodierte im Hause von Alemann eine Bombe, genau in dem Augenblick, als die Argentinier über das vierte Tor im Spiel gegen Peru jubelten.

Als die Weltmeisterschaft zu Ende war, wurde Admiral Lacoste in Anerkennung seiner außerordentlichen Verdienste zum Vizepräsidenten der FIFA ernannt.

Tor durch Gemmill

Es geschah bei der Weltmeisterschaft von 1978. Die holländische Mannschaft, bei der es gut lief, spielte gegen die Schotten, bei denen es schlecht lief.

Der schottische Spieler Archibald Gemmill bekam den Ball von seinem Landsmann Hartford und besaß die Freundlichkeit, die Holländer zu einem Dudelsacktanz einzuladen.

Wildschut war der erste, der schwindelnd vor Gemmill zu Boden ging. Danach ließ der Suurbier hinter sich, der ins Stolpern gekommen war. Krol ging es noch schlechter: Gemmill spielte ihm das Leder zwischen den Beinen hindurch. Und als Torwart Jongbloed ihm entgegenlief, setzte ihm der Schotte den Ball als Hut auf den Kopf.

Tor durch Bettega

Es geschah bei der Weltmeisterschaft von 1978. Italien besiegte die Hausherren mit 1 zu 0.

Der Spielzug zum Tor der Italiener zeichnete ein perfektes Dreieck auf den Rasen, in dessen Innenraum die argentinische Verteidigung verwirrt umherlief wie ein Blinder bei einer Schießerei. Antognoni schob den Ball zu Bettega, der ihn zu Rossi, der mit dem Rücken zu ihm stand, einmal abklatschte, und Rossi gab Bettega den Ball per Absatzkick zurück, während der in den Strafraum eindrang. Bettega schaltete die gegnerischen Verteidiger aus und überwand mit einem Linksschuß Torwart Fillol.

Obwohl es noch niemand wußte, hatte Italien schon begonnen, die Weltmeisterschaft vier Jahre später zu gewinnen.

Tor durch Sunderland

Es geschah im Jahre 1979. Im Wembleystadion standen »Arsenal« und »Manchester United« im Endspiel um den englischen Meistertitel.

Es war ein gutes Spiel, doch nichts ließ vermuten, daß es urplötzlich zu dem spannendsten Duell werden würde, das seit 1871 in der langen Geschichte der englischen Meisterschaft ausgetragen worden ist. »Arsenal« lag mit 2 zu 0 in Führung, und der Abpfiff stand kurz bevor. Das Spiel war so gut wie vorbei, und die Zuschauer begannen bereits zu gehen. Und auf einmal entlud sich ein wahrhaftiges Torgewitter. Drei Tore in zwei Minuten: Ein gewaltiger Schuß von McQueen und eine wunderbare Einzelaktion von McIlroy, der zwei Verteidiger und dann noch den Torwart verlud, schafften den Ausgleich für Manchester zwischen der 86. und der 87. Minute, und bevor die 88. Minute vorüber war, ging »Arsenal« wieder in Führung.

Alan Brady, wie üblich die große Persönlichkeit des Spieles, entwickelte den Spielzug zum 3 zu 2, und Alan Sunderland schloß ihn mit einem sauberen Schuß ab.

Die Weltmeisterschaft von 1982

»Mephisto« von István Szabó, ein Meisterwerk über die Kunst und über den Verrat, gewann in Hollywood einen Oscar, während in Deutschland das Leben von Fassbinder, dem tragisch-talentierten Filmkunstschöpfer, erlosch. Romy Schneider nahm sich das Leben, Sophia Loren ging wegen Steuerhinterziehung ins Gefängnis. In Polen kam Lech Walesa, Führer der Arbeitergewerkschaft, hinter Gitter.

García Márquez erhielt den Nobelpreis für Literatur, im Namen der Dichter, Bettler, Musiker, Propheten, Krieger und Gauner Lateinamerikas. Massaker der Armee in einem Dorf El Salvadors: Mehr als siebenhundert arme Bauern starben im Kugelhagel, die Hälfte davon Kinder. In Guatemala riß General Ríos Montt die Macht an sich, um das Abschlachten der Indios voranzutreiben: Er erklärte, Gott habe ihm die Gewalt über das Land anvertraut, und kündigte an, der Heilige Geist werde von nun an die Arbeit seiner Geheimdienste lenken.

Ägypten bekam die Halbinsel Sinai zurück, die Israel seit dem Sechs-Tage-Krieg besetzt hielt. Das erste künstliche Herz schlug in der Brust von jemandem. Gewöhnlich gut unterrichtete Kreise in Miami kündigten an, daß der Sturz Fidel Castros kurz bevorstehe und nur noch eine Frage weniger Stunden sei. In Italien überlebte der Papst ein zweites Attentat. In Spanien gab es dreißigjährige Haftstrafen für die Offiziere, die den Überfall auf die Abgeordnetenkammer organisiert hatten, und Felipe González begann seinen rasanten Lauf zum Präsidentenamt der Republik, während in Barcelona die 12. Fußballweltmeisterschaft eröffnet wurde.

Es beteiligten sich vierundzwanzig Länder, acht mehr als beim letzten Mal, doch Amerika hatte keinen Vorteil durch die neue Aufteilung: Es gab vierzehn europäische Mannschaften, sechs amerikanische, zwei afrikanische und Kuwait und Neuseeland.

Am ersten Spieltag wurde Weltmeister Argentinien in Barcelona geschlagen. Wenige Stunden später wurden weit weg von dort die argentinischen Militärs auf den Malvinen im Krieg gegen England geschlagen. Die furchterregenden Generäle, die in langen Jahren der Diktatur den Krieg gegen ihre eigenen Landsleute gewonnen hatten, ergaben sich ganz zahm der englischen Armee. Das Fernsehen übertrug die Bilder: Der Marineoffizier Alfredo Astiz, Verletzer sämtlicher Menschenrechte, beugte den Kopf und unterschrieb die Demutserklärung.

In den folgenden Tagen zeigte das Fernsehen die Bilder der WM 82: Das flatternde Gewand von Scheich Fahid Al-Ahmad Al-Sabah, als er aufs Spielfeld lief, um gegen ein Tor Frankreichs im Spiel gegen Kuwait zu protestieren; das Tor des Engländers Bryan Robson nach dreißig Sekunden Spielzeit, das schnellste Tor in der Geschichte der Fußballweltmeisterschaft; der Gleichmut des deutschen Torhüters Schumacher, nachdem er mit einem Kniestoß den französischen Stürmer Battiston bewußtlos geschlagen hatte. (Bevor er Torwart wurde, war Schumacher Schmied gewesen.)

Europa belegte die ersten Plätze bei dieser Meisterschaft, obwohl Brasilien mit den Füßen von Zico, Falcão und Sócrates den besten Fußball zeigte. Die brasilianische Auswahl hatte kein Glück, doch sie begeisterte die Zuschauer, und Zico, dem gerade der Titel des besten Spielers von Amerika verliehen worden war, wußte einmal mehr die »Zicomanía«, das Zico-Fieber der Tribünen zu rechtfertigen.

Der WM-Pokal ging diesmal nach Italien. Die italienische Auswahl hatte einen schlechten Start, stolperte von Unentschieden zu Unentschieden, doch steigerte sich dann, dank des guten Zusammenspiels der Mannschaft und der passenden Salven von Paolo Rossi. Im Endspiel gegen Deutschland gewannen die Italiener mit 3 zu 1.

Polen kam, geleitet von der guten Musik von Boniek, auf den dritten Platz. Der vierte Platz ging an Frankreich, das wegen seiner europäischen Effizienz und der afrikanischen Fröhlichkeit seines denkwürdigen Mittelfeldes eigentlich mehr verdient hatte.

Der Italiener Rossi war es auch, der die Torschützenliste anführte, mit sechs Treffern, gefolgt von dem Deutschen Rummenigge, der fünfmal traf und Glanz verbreitete.

Begnadete Körper

Alain Giresse bildete, zusammen mit Platini, Tigana und Genghini, das spektakulärste Mittelfeld der WM 82 und der gesamten Geschichte des französischen Fußballs. Auf dem Bildschirm war Giresse so klein, daß er immer ganz weit weg zu sein schien.

Der Ungar Puskas war untersetzt und dicklich, wie der Deutsche Seeler. Der Holländer Cruyff und der Italiener Gianni Rivera waren Spieler von leichter Konstitution. Pelé hatte Plattfüße, genau wie Néstor Rossi, der zuverlässige argentinische Mittelfeldspieler. Der Brasilianer Rivelino erreichte im Test von Cooper das schlechteste Ergebnis, doch gab es niemanden, der ihn auf dem Platz aufhalten konnte, und sein Landsmann Sócrates hatte den Körper eines Storches, lange, dünne Beine und kleine Füße, die schnell ermüdeten, doch war er ein Meister des Hackentricks, und er leistete sich den Luxus, Strafstöße mit diesem Teil des Fußes zu verwandeln.

Es irren sich diejenigen ganz gewaltig, die da meinen, Körpermaße, Schnelligkeit und Kraft sagten etwas über die Leistungsfähigkeit eines Fußballers aus, genauso wie sich diejenigen ganz gewaltig irren, die meinen, daß ein Intelligenztest etwas mit Talent zu tun habe, oder daß es eine direkte Beziehung zwischen der Größe des Penis' und der sexuellen Befriedigung gebe. Gute Fußballspieler brauchen nicht unbedingt den von Michelangelo gemeißelten Titanen zu ähneln, ganz und gar nicht. Im Fußball ist Geschicklichkeit viel wichtiger als athletische Kondition, und in vielen Fällen besteht die Geschicklichkeit gerade in der Kunst, Mängel in Tugenden zu verwandeln.

Der Kolumbianer Carlos Valderrama hat krumme Beine, und die dienen ihm dazu, den Ball besser zu verstecken. Gleiches geschah mit den krummen Füßen von Garrincha. Wo ist der Ball? Hinter dem Ohr? Im Schuh? Wo ist er nur? Der Uruguayer »Cochocho« Alvarez, der beim Gehen das Bein nachzog, hatte einen Fuß, der zum anderen hinzeigte, und doch war er einer der wenigen Verteidiger, die Pelé, ohne ihn umzustoßen, aufhalten konnten.

Zwei eher rundliche, untersetzte Spieler, Romario und Maradona, waren schillernde Figuren der Weltmeisterschaft von 1994. Und die gleiche Statur haben zwei uruguayische Stürmer, die in den letzten Jahren in Italien begeisterten, Rubén Sosa und Carlos Aguilera. Dank ihres kleinen Wuchses konnten der Brasilianer Leônidas, der Engländer Kevin Keegan, der Ire George Best und der Däne Allan Simonsen, genannt der »Floh«, vermeintlich undurchdringliche Verteidigungslinien durchbrechen und leicht den grobschlächtigen Verteidigern entwischen, die mit allem zutraten, was sie hatten, und sie trotzdem nicht halten konnten. Klein, doch gut gewappnet war auch Félix Loustau gewesen, der Linksaußen der »Maschine« von »River Plate«, den sie den »Ventilator« nannten, weil er seiner Mannschaft Luft verschaffte, indem er die Gegner ablenkte. Die Männer aus Liliput vermögen es, das Tempo zu wechseln und plötzlich anzutreten, ohne daß das hohe Gebäude ihres Körpers dabei einstürzt.

Platini

Auch Michel Platini hatte nicht die Figur eines Athleten. 1972 befand der Mannschaftsarzt des Klubs von Metz, daß Platini an »Herzinsuffizienz und schwacher Atemfunktion« leide. Der Befund reichte aus, damit der Verein diesen Bewerber um einen Platz in der Mannschaft ablehnte, wobei der Arzt noch nicht einmal gesehen hatte, daß Platini außerdem steife Knöchel hatte, die ihn anfällig für Knochenbrüche machten, und einen Hang zu Übergewicht, wegen seiner Leidenschaft für Mehlspeisen. Trotz alledem rächte sich zehn Jahre später, kurz vor der Weltmeisterschaft in Spanien, der solchermaßen Behinderte gewaltig: Seine Mannschaft, Saint Etienne, spielte die Mannschaft von Metz mit 9 zu 2 in Grund und Boden.

Platini vereinigte in sich das Beste des französischen Fußballs: Er hatte die Treffsicherheit von Justo Fontaine, der bei der WM 58 dreizehn Tore schoß, ein nie überbotener Rekord, und die Beweglichkeit und den spielerischen Witz von Raymond Kopa. Platini bot bei jedem Spiel nicht nur eine Parade von Zauberkünstlertoren von der Sorte, die man nicht für möglich hält, er entzückte die Zuschauer zudem mit seiner Fähigkeit, das Spiel der ganzen Mannschaft aufzubauen. Unter seiner Führung zeigte die französische Mannschaft einen harmonischen Fußball, Zug um Zug genußvoll aufgebaut: Das glatte Gegenteil vom »alles durch die Mitte«, alles nach vorn, und dann helfe Gott.

Im Halbfinale der WM 82 wurde Frankreich von Deutschland geschlagen, das erst im Elfmeterschießen gewann. Das Spiel war ein Duell zwischen Platini und Rummenigge, der verletzt war, doch dennoch auf den Platz kam und die Partie entschied. Im Endspiel verlor Deutschland dann gegen Italien. Weder Platini noch Rummenigge, zwei Spieler, die Fußballgeschichte geschrieben haben, hatten je Teil an der Freude, eine Weltmeisterschaft zu gewinnen.

Heidnische Menschenopfer

Im Jahre 1985 töteten »*hooligans*«, Fußballfans von traurigem Ruhm, neununddreißig italienische Fans auf der Tribüne des alten Heyselstadions von Brüssel. Der englische Klub »Liverpool« stand im Endspiel um den Europacup gegen »Juventus Turin«, als die »*hooligans*« angriffen. Die Italiener, gegen eine Mauer gedrängt, starben gegeneinander gequetscht oder indem sie ins Leere stürzten. Das Fernsehen übertrug das Gemetzel direkt, und es übertrug auch die Begegnung, die nicht abgebrochen wurde.

Von da an war Italien für die englischen Fans verbotenes Terrain, selbst wenn sie gute Führungszeugnisse bei sich trugen. Bei der Weltmeisterschaft von 1990 blieb Italien keine andere Wahl, als die englischen Fans auf die Insel Sardinien zu lassen, wo die englische Auswahl spielte, doch waren die Agenten von Scotland Yard zahlreicher vertreten als die Fußballanhänger, und der britische Sportminister höchstpersönlich kümmerte sich darum, sie zu überwachen.

Ein Jahrhundert zuvor, 1890, schrieb die Londoner Zeitung »The Times«: »Unsere Hooligans werden immer schlimmer, und das Schlimmste ist, daß sie immer zahlreicher werden. Sie sind ein monströser Auswuchs unserer Zivilisation.« Heutzutage begeht dieser Auswuchs weiterhin Verbrechen unter dem Vorwand des Fußballs.

Wo die »*hooligans*« auftauchen, verbreiten sie Angst und Schrecken. Ihr Körper ist außen mit Tätowierungen übersät und innen mit Alkohol abgefüllt, aller mögliche nationalistische Schnickschnack baumelt ihnen um den Hals und von den Ohren herab, und sie benutzen Schlagringe und Knüppel und schwitzen die Gewalt nur so aus, während sie ihr »Rule Britannia« heulen und andere bösartige Nostalgien über das verlorene Weltreich. In England und in anderen Ländern tragen die Schläger häufig genug auch Nazisymbole zur Schau und schreien ihren Haß auf Schwarze, Araber, Türken, Pakistanis oder Juden heraus:

»Die sollen doch nach Afrika gehen!« brüllte ein ganz knallharter Fan von »Real Madrid«, der sich einen Spaß daraus machte, Schwarze zu verprügeln, »weil sie nur herkommen, um mir die Arbeit wegzunehmen.«

Unter dem Vorwand der Fußballeidenschaft pfeifen die italienischen »Naziskins« schwarze Spieler aus oder nennen die Anhänger gegnerischer Klubs »Juden«:

»*Ebrei*!« schreien sie ihnen entgegen.

Doch diese wütenden Fanhaufen, die den Fußball genauso beleidigen wie der Trunkenbold den Wein, sind kein trauriges Privileg Europas. Fast alle Länder haben sie zu erleiden, mal mehr, mal weniger, und die tollwütigen Hunde des Fußballs vermehren sich in den gegenwärtigen Zeiten. Bis vor einigen

Jahren hatte Chile die freundlichsten Fangemeinden, die ich je gesehen habe: Männer und auch Frauen und Kinder, die auf der Tribüne Musikwettbewerbe abhielten mit Preisrichtern und allem Drum und Dran. Heutzutage hat der Verein »Colo-Colo« seine Schlägerbande, »die »Weiße Klaue«, und die vom Verein »Universidad de Chile« nennen sich »die von unten«.

1993 schätzte Jorge Valdano, daß in den vergangenen fünfzehn Jahren in den argentinischen Stadien mehr als hundert Menschen als Opfer der Gewalt ums Leben kamen. Die Gewalt, so Valdano, wächst in direktem Verhältnis zur sozialen Ungerechtigkeit und den Frustrationen, die die Menschen in ihrem täglichen Leben anhäufen. Die Haufen randalierender Fans bekommen überall Zulauf von Jugendlichen, die Arbeits- und Hoffnungslosigkeit bedrängen. Einige Monate nach dieser Erklärung wurde in Buenos Aires der Verein »Boca Juniors« von seinem traditionellen Rivalen, »River Plate«, mit 2 zu 0 geschlagen. Am Ausgang des Stadions fielen zwei Fans von »River«, von Schüssen tödlich getroffen. »Wir haben zwei zu zwei ausgeglichen«, meinte ein jugendlicher Fan von »Boca«, den das Fernsehen interviewte.

In einer Chronik, die er zu anderer Zeit und über einen anderen Sport schrieb, zeichnete Dione Chrisostomus ein Bild von den römischen Fans aus dem 2. Jahrhundert nach Christus: »Wenn sie ins Stadion gehen, ist es, als entdeckten sie ein Drogenlager. Sie vergessen sich vollständig und sagen und tun schamlos alles, was ihnen gerade in den Kopf kommt.« Die schlimmste Katastrophe in der Geschichte des Sports geschah dort, in Rom, vier Jahrhunderte später. Im Jahre 512 starben Tausende von Menschen — es heißt dreißigtausend, obwohl es schwerfällt, das zu glauben — bei Straßenkämpfen, die über mehrere Tage hinweg zwei feindliche Fanlager gegeneinander führten. Doch waren dies nicht Fußballfans, sondern die Anhänger von Wagenrennen.

Die Tragödie, die in den Fußballstadien die meisten Opfer forderte, geschah 1964 in Lima, der Hauptstadt Perus. Als der Schiedsrichter in den letzten Minuten einer Begegnung mit Argentinien ein Tor annullierte, hagelte es wutentbrannt Apfelsinen, Bierdosen und andere Wurfgeschosse von der Tribüne. Dann lösten Tränengas und Schüsse der Polizei eine Panik aus. Die Polizeitruppen drängten die Menge zu den Ausgängen, die aber verschlossen waren. Es gab mehr als dreihundert Tote. An jenem Abend demonstrierte eine riesige Menschenmenge in den Straßen von Lima: Der Demonstrationszug protestierte gegen den Schiedsrichter, nicht gegen die Polizei.

Die Weltmeisterschaft von 1986

»Baby« Doc Duvalier floh aus Haiti und ließ dabei alles mitgehen, was nicht niet- und nagelfest war, und alles mitgehen ließ bei seiner Flucht auch Ferdinand Marcos von den Philippinen, während die nordamerikanischen Archive enthüllten, besser spät als überhaupt nicht, daß Marcos, dieser gefeierte Held des Zweiten Weltkriegs, in Wirklichkeit ein Deserteur gewesen war.

Der Halley'sche Komet stattete unserem Himmel nach langer Abwesenheit wieder mal einen Besuch ab, man entdeckte neun Monde um den Planeten Uranus, in der Ozonschicht, die uns vor der Sonne schützt, tauchte das erste Loch auf. Es kam ein neues Präparat gegen Leukämie in den Handel, das die Gentechnik hervorgebracht hatte. In Japan nahm sich eine Sängerin das Leben, die gerade in Mode war, und es folgten ihr dreiundzwanzig Verehrerinnen in den Tod. Ein Erdbeben nahm zweihunderttausend Salvadoreanern das Dach über dem Kopf, und die Katastrophe im sowjetischen Atomkraftwerk von Tschernobyl ließ einen Regen radioaktiven Gifts, unmöglich abzuschätzen und aufzuhalten, auf wer weiß wieviele Quadratmeilen und Menschen niedergehen.

Felipe González sagte »Ja« zur NATO, dem atlantischen Verteidigungsbündnis, nachdem er vorher »Nein!« geschrien hatte, und eine Volksabstimmung segnete die 180-Grad-Wendung ab, während Spanien und Portugal dem gemeinsamen europäischen Markt beitraten. Die Welt beweinte den Tod von Olof Palme, des schwedischen Ministerpräsidenten, der auf der Straße ermordet wurde. Zeit der Trauer für Kunst und Literatur: Es gingen von uns der Bildhauer Henry Moore und die Schriftsteller Simone de Beauvoir, Jean Genet, Juan Rulfo und Jorge Luis Borges.

Der »Irangate«-Skandal brach aus, bei dem sich zeigte, daß Präsident Reagan, die CIA und die nicaraguanischen »Contras« in Waffen- und Drogenhandel verwickelt waren, und auseinander brach die Raumfähre »Challenger« beim Start von Kap Canaveral, mit sieben Besatzungsmitgliedern an Bord. Die nordamerikanische Luftwaffe bombardierte Libyen und tötete eine Tochter von Oberst Gaddafi, um ein Attentat zu bestrafen, das Jahre später dem Iran zugeschrieben wurde.

In einem Zuchthaus bei Lima, in Peru, starben vierhundert Gefangene im Maschinengewehrfeuer. Gewöhnlich gut unterrichtete Kreise prophezeiten den unmittelbar bevorstehenden Sturz von Fidel Castro, der nur noch eine Frage von Stunden sei. Viele Gebäude ohne Fundamente, doch mit vielen Menschen darin, waren eingestürzt, als ein Erdbeben im Jahr

zuvor Mexiko-Stadt erschütterte, und ein großer Teil der Stadt lag noch in Trümmern, als dort die 13. Fußballweltmeisterschaft eröffnet wurde.

An der WM 86 beteiligten sich vierzehn europäische Länder und sechs amerikanische, außerdem Marokko, Südkorea, Irak und Algerien. In Mexiko entstand die *La-ola-Welle* auf den Tribünen, die seither die Fans im Rhythmus des Meeres branden läßt. Es gab Spiele, die einem die Haare zu Berge stehen ließen, wie das von Frankreich gegen Brasilien, bei dem die unfehlbaren Spieler Platini, Zico, Sócrates beim Elfmeterschießen versagten; und es gab die zwei spektakulären Torregen Dänemarks, das gegen Uruguay sechs Treffer machte und gegen Spanien fünf Treffer kassierte.

Doch dies war die WM von Maradona. Gegen England rächte er den im Malvinenkrieg bös lädierten Nationalstolz durch zwei mit links geschossene Tore: eins machte er mit der Hand, die er »die Hand Gottes« nannte, und das andere mit dem linken Fuß, nachdem er die gesamte englische Abwehr abgeschüttelt hatte.

Argentinien bestritt das Endspiel gegen Deutschland. Maradona schlug den entscheidenden Paß zum freistehenden Burruchaga, der dafür sorgte, daß Argentinien das Spiel mit 3 zu 2 und damit die Meisterschaft gewann, als die Uhr bereits das Ende der Begegnung anzeigte, doch zuvor hatte es schon ein denkwürdiges Tor gegeben: Valdano lief mit dem Ball vom argentinischen Tor los, überquerte den gesamten Platz, und als Torwart Schumacher herausgelaufen kam, schlug er das Leder gegen den rechten Innenpfosten. Valdano hatte ihm die ganze Zeit zugeflüstert:

»Bitte, bitte, geh rein.«

Frankreich kam auf den dritten Platz, gefolgt von Belgien auf Rang vier. Der Engländer Lineker führte mit sechs Treffern die Torschützenliste an. Maradona schoß fünf Tore, ebenso der Brasilianer Careca und der Spanier Butragueño.

Die Telekratie

Heutzutage ist das Fußballstadion ein riesiges Fernsehstudio. Gespielt wird für das Fernsehen, das die Begegnungen frei Haus liefert. Und das Fernsehen befiehlt.

Bei der Weltmeisterschaft von 1986 protestierten Valdano, Maradona und andere Spieler, weil die wichtigsten Spiele zur Mittagszeit bestritten wurden, unter einer glühendheißen Sonne. Der mexikanische Mittag, der in Europa Abend war, paßte den europäischen Fernsehanstalten besser. Der deutsche Torhüter Harald »Toni« Schumacher, berichtete, was geschah:

»Ich schwitze. Meine Kehle ist wie ausgedörrt. Der Rasen ist wie trockene Scheiße: hart, seltsam, feindlich. Die Sonne sticht direkt ins Stadion hinein und explodiert über unseren Köpfen. Wir werfen keine Schatten. Es heißt, das sei gut fürs Fernsehen.«

Der Verkauf des Fußballspektakels war wichtiger als die Qualität der Spiele? Die Spieler sind dazu da, den Ball zu treten und nicht protestierend mit dem Fuß aufzustampfen; und Havelange machte der ärgerlichen Angelegenheit rasch ein Ende:

»Die sollen spielen und den Mund halten«, entschied er.

Wer leitete die WM 86? Der mexikanische Fußballverband? Aber nein, es gibt doch genug Zwischenhändler: Es leitete ihn Guillermo Cañedo, der Vizepräsident von »Televisa« und Präsident des internationalen Zweiges der Firma. Dies war die WM von »Televisa«, des privaten Monopolisten, Herr und

Gebieter über die Freizeit der Mexikaner und Herr und Gebieter über den mexikanischen Fußball. Und nichts war wichtiger als das Geld, das »Televisa«, gemeinsam mit der FIFA, für die Übertragung der WM-Spiele in die europäischen Märkte bekommen konnte. Als ein mexikanischer Journalist die Frechheit besaß, nach Kosten und Gewinn der Weltmeisterschaft zu fragen, schnitt ihm Cañedo sofort das Wort ab:

»Dies ist ein Privatunternehmen, das niemandem gegenüber Rechenschaft schuldig ist.«

Als die Weltmeisterschaft vorüber war, wurde Cañedo Mitglied im Hofstaat von Havelange als einer der Vizepräsidenten der FIFA, ein anderes Privatunternehmen, das niemandem gegenüber Rechenschaft ablegt.

»Televisa« verwaltet nicht nur die nationalen und internationalen Übertragungen des mexikanischen Fußballs, sondern sie ist außerdem auch Besitzerin von drei Klubs der ersten Liga, von »América«, des stärksten Vereins, »Necaxa« und von »Atlante«.

Im Jahre 1990 gab »Televisa« eine brutale Demonstration seiner Macht über den mexikanischen Fußball. In jenem Jahr hatte der Präsident der Mannschaft von Puebla, Emilio Maurer, eine verhängnisvolle Idee: Er kam darauf, daß »Televisa« mehr Geld für die Exklusivrechte an den Übertragungen der Spiele bezahlen könnte. Maurers Initiative fand ein positives Echo bei einigen der Funktionäre des mexikanischen Fußballverbandes. Schließlich zahlte der Monopolist nur wenig mehr als tausend Dollar pro Verein, während er aus dem Verkauf von Werbezeit Millioneneinnahmen hatte.

Da zeigte »Televisa«, wer Herr im Hause ist. Maurer wurde unbarmherzig bombardiert: Aus heiterem Himmel wurden seine Firmen und sein Haus wegen Verschuldung gepfändet, er wurde bedroht, überfallen, für gesetzlos erklärt und mit einem Haftbefehl gesucht. Außerdem wurde eines schönen Tages das Stadion seines Vereins in Puebla ohne Ankündigung geschlossen. Doch reichten die Mafiamethoden nicht, um ihn vom Pferd zu holen, und so blieb nichts anderes übrig, als

Maurer ins Gefängnis zu stecken und ihn aus dem rebellischen Verein und dem mexikanischen Fußballverband zu werfen, samt allen seinen Verbündeten.

Auf der ganzen Welt entscheidet das Fernsehen direkt oder indirekt, wann und wie gespielt wird. Der Fußball hat sich der Mattscheibe mit Haut und Haar und Kleidung verkauft. Die Spieler sind heute Fernsehstars. Wer kann es mit ihren Shows aufnehmen? Die Sendung, die 1993 in Frankreich und Italien die höchste Zuschauerzahl hatte, war das Endspiel um den Europapokal der Landesmeister, das zwischen Olympique Marseille und dem AC Mailand ausgetragen wurde. Der AC Mailand gehört Silvio Berlusconi, dem italienischen Fernsehzar. Bernard Tapie war zwar nicht Besitzer des französischen Fernsehens, doch hatte sein Verein, Olympique Marseille, 1993 vom Fernsehen dreihundertmal mehr Geld bekommen als 1980. So hatte er genug Gründe, es zu mögen.

Heute können Millionen Menschen die Fußballspiele sehen, nicht nur die paar tausend, die ins Stadion passen. Die Zahl der Fans hat sich vervielfacht und gleichfalls die der potentiellen Konsumenten dessen, was die Manipulatoren der Bilder verkaufen wollen. Doch ist der Fußball, im Unterschied zum Baseball oder zum Basketball, ein kontinuierliches Spiel, das nicht viele ausreichend lange Unterbrechungen bietet, um Werbung zu zeigen. Eine einzige Halbzeitunterbrechung reicht nicht aus. Und so hat das nordamerikanische Fernsehen vorgeschlagen, diesen unangenehmen Mangel dadurch zu beheben, daß man die Spielzeit in viermal fünfundzwanzig Minuten unterteilt, und Havelange ist einverstanden damit.

Freudlos am Fließband

Don Howe, Trainer der englischen Nationalmannschaft, meinte 1987:
»Nie wird jener Spieler ein guter Fußballer sein können, der zufrieden ist, wenn er ein Spiel verloren hat.«

Der Profifußball, der immer schneller und immer weniger schön wird, ist auf dem Wege, sich in einen Wettbewerb der Geschwindigkeit und der Kraft zu verwandeln, dessen Treibstoff die panische Angst vor dem Verlieren ist.

Es wird viel gelaufen und wenig oder gar nichts mehr riskiert. Etwas zu wagen ist nicht rentabel. In vierzig Jahren, von der Weltmeisterschaft von 1954 bis zu der von 1994, ist die Zahl der Tore bei den WM-Spielen im Durchschnitt um die Hälfte gesunken, obwohl 1994 für jeden Sieg ein Punkt mehr vergeben wurde, um dem Hang zum Unentschieden entgegenzuwirken. Lauthals beklatschte Effizienz der Mittelmäßigkeit: Es gibt immer mehr Mannschaften im modernen Fußball, die aus Funktionären bestehen, die darauf spezialisiert sind, Niederlagen zu vermeiden, und nicht aus Spielern, die das Risiko eingehen, nach ihrem Gefühl zu handeln und sich von der Intuition leiten zu lassen.

Der chilenische Spieler Carlos Caszely spottete über diesen geizigen Fußball:
»Das ist die Fledermaustaktik«, meinte er. »Alle elf Spieler hängen nebeneinander an der Querlatte.«
Und der russische Spieler Nikolai Starostin beklagte sich über den ferngesteuerten Fußball:
»Heute scheinen alle Spieler gleich zu sein. Wenn sie untereinander die Hemden tauschen, merkt das niemand. Alle spielen gleich.«
So ernst und wie am Fließband zu spielen, ist das noch spielen? Denen zufolge, die etwas von der Wurzel und dem Sinn der Wörter verstehen, bedeutet »spielen« soviel wie scherzen, Witze machen, und das Wort »Gesundheit« drückt die größtmögliche Freiheit des Körpers aus. Die kontrollierte Effizienz der mechanischen Wiederholung, Feindin der Gesundheit, ist dabei, den Fußball krank zu machen.
Gewinnen, ohne zu zaubern, ohne Überraschungen und Schönheit: Ist das nicht schlimmer als verlieren? Im Jahre 1994, während der spanischen Meisterschaft, hatte »Real Madrid« gegen »Sporting Girón« verloren. Doch hatten die Spieler von »Real Madrid« mit Enthusiasmus gespielt, ein Wort, das in seinem Ursprung bedeutet: »die Götter in sich haben«. Der Trainer, Jorge Valdano, empfing die Spieler dennoch in der Umkleidekabine mit freundlichem Gesicht:
»Wenn man so spielt wie ihr heute«, sagte er ihnen, »dann hat man Erlaubnis, zu verlieren.«

Laufende Apotheken

Bei der Weltmeisterschaft von 1954, als Deutschland so kräftig aufdrehte und Ungarn in Grund und Boden spielte, meinte Ferenc Puskas, die deutsche Kabine habe so merkwürdig nach Klatschmohn gerochen, und daß dies irgendwie damit zu tun haben müsse, daß die Sieger gelaufen seien wie die Lokomotiven.

Im Jahre 1987 veröffentlichte der Torwart der deutschen Elf, Harald »Toni« Schumacher, ein Buch:

»Hier gibt es viel zu viele Drogen und viel zu wenig Frauen«, sagte er da in bezug auf den deutschen Fußball und den Profifußball überhaupt. In seinem Buch »Der Anpfiff« erzählte Schumacher, die deutsche Auswahl habe bei der Weltmeisterschaft von 1986 jede Menge Spritzen und Pillen und eine große Menge eines geheimnisvollen Mineralwassers verabreicht bekommen, das Durchfall hervorgerufen habe. Vertrat diese Mannschaft noch ihr Land oder nicht eher die deutsche Chemieindustrie? Sogar noch zum Schlafen mußten die Spieler Pillen schlucken. Schumacher spuckte sie heimlich wieder aus, denn zum Müdewerden zog er Bier vor.

Der Torhüter bestätigte, daß im Profifußball der Gebrauch von Anabolika, aufbauenden und stimulierenden Stoffen, weit verbreitet ist. Unter dem Angst und Schrecken verbreitenden Erfolgszwang, dem Druck, zu gewinnen, egal wie, werden viele Spieler zu laufenden Apotheken. Und dasselbe System, das sie *dazu* verurteilt, verurteilt sie auch *deswegen*, jedesmal wenn die Sache an den Tag kommt.

Schumacher, der zugab, sich auch ab und zu gedopt zu haben, wurde des Hochverrats angeklagt. Das Idol der Massen, zweimaliger Vizeweltmeister, wurde vom Sockel und unter die Hufe der Pferde gestoßen. Aus seiner Mannschaft, dem 1. FC Köln, entlassen, verlor er auch seinen Platz in der Nationalmannschaft, und es blieb ihm nichts anderes übrig, als in der Türkei zu spielen.

Verachtungsgesänge

Auf den Landkarten ist sie nicht verzeichnet, und doch gibt es sie. Sie ist unsichtbar, und doch ist sie da. Es gibt eine Mauer, die die Erinnerung an jene von Berlin lächerlich erscheinen läßt: Errichtet, um die, die besitzen, von denen zu trennen, die brauchen, teilt sie die Welt in Nord und Süd und zieht auch Grenzen durch jedes Land und auch jede Stadt. Wenn der Süden dieser Welt die Frechheit besitzt, über die Mauer zu springen und dort einzudringen, wohin er nicht darf, erinnert ihn der Norden handgreiflich daran, wo sein Platz ist. Und dasselbe geschieht in den fluchbeladenen Zonen jedes Landes und jeder Stadt.

Der Fußball, der Spiegel von allem, gibt diese Wirklichkeit wieder. Mitte der achtziger Jahre, als die Mannschaft von Neapel dank des magischen Einflusses von Maradona den besten Fußball Italiens zu spielen begann, reagierte das Publikum aus dem Norden des Landes, indem es die alten Waffen der Verachtung zückte. Die Neapolitaner, die verbotenen Ruhm einheimsten, nahmen den ewig Mächtigen die Trophäen weg, und die Zuschauer bestraften diese Aufsässigkeit des aufdringlichen Pöbels aus dem Süden. Von den Tribünen der Stadien in Mailand oder Turin schimpften sie auf Plakaten: »Neapolitaner, herzlich willkommen in Italien!«, oder verbreiteten Grausamkeiten: »Vesuv, wir zählen auf dich!«

Und lauter als je zuvor schallten die Gesänge, die Kinder der Angst und Enkel des Rassismus sind:

*Welch ein Gestank
sogar die Hunde laufen weg
die Neapolitaner kommen.
Oh Cholera- und Erdbebenopfer,
die ihr nie ein Stück Seife gesehen habt!
Cholera-Neapel, Scheiß-Neapel
Du Schande ganz Italiens.*

In Argentinien geschieht dasselbe mit dem Klub »Boca Juniors«. »Boca« ist der Lieblingsverein der armen Leute mit dem strähnigen Indiohaar und der braunen Haut, die scharenweise aus den armseligen Dörfern des Landesinneren und der Nachbarländer in die hochherrliche Stadt Buenos Aires einfallen. Die feindlichen Fans treiben die gefürchteten Teufel so aus:

*Alle Welt weiß, »Boca« trauert viel
alle sind schwarz, alle sind schwul.
Bringt sie um, diese Scheißkerle
sie sind alle schwul, alles Bauerntrampel
werft sie in den Riachuelo-Fluß.*

Alles erlaubt

Im Jahre 1988 entdeckte der mexikanische Journalist Miguel Ángel Ramírez einen Jungbrunnen. Einige der Spieler der mexikanischen Jugendauswahl, die zwei, drei oder gar sechs Jahre über der Altersgrenze lagen, hatten in seinem Zauberwasser gebadet: Die Funktionäre hatten ihre Geburtsurkunden manipuliert und ihnen falsche Pässe machen lassen. Einer solch wundersamen Behandlung unterzogen, war einer der Spieler zwei Jahre jünger als sein Zwillingsbruder geworden.

Damals erklärte der Vizepräsident des Fußballvereins von Guadalajara:

»Ich will nicht sagen, daß das etwas Gutes ist, aber es ist immer so gemacht worden.«

Und Rafael del Castillo, der die mexikanische Fußballjugend leitete, fragte:

»Warum darf Mexiko denn nicht schummeln, wenn das in anderen Ländern ganz üblich ist?«

Kurz nach der Weltmeisterschaft von 1966 erklärte der Inspizient des argentinischen Fußballverbandes, Valentín Suárez:

»Stanley Rous ist ein Mann, der nicht korrekt handelt. Er hat die WM so organisiert, daß England gewann. Ich würde

das gleiche tun, wenn die Weltmeisterschaft in Argentinien stattfände.«

Die Moral des Marktes, die in unseren Tagen die Moral der ganzen Welt geworden ist, erlaubt alle Wege zum Erfolg, auch wenn es krumme Wege sind. Der Profifußball kennt keine Skrupel, weil er zu einem skrupellosen System der Macht gehört, das für den Erfolg jeden Preis zahlt. Und schließlich waren Skrupel nie besonders wichtig. »*Escrupulus*« war das kleinste, das unbedeutendste Gewicht im Italien des Mittelalters. Fünf Jahrhunderte später erklärte Paul Steiner vom 1. FC Köln:

»Ich spiele um Geld und um Punkte. Der Gegner will mir Geld und Punkte wegnehmen. Deshalb muß ich mit allen Mitteln gegen ihn kämpfen.«

Und der holländische Spieler Ronald Koemann rechtfertigte den Tritt seines Mannschaftskameraden Gillhaus, der 1988 den Franzosen Tigana aufschlitzte, folgendermaßen:

»Das war eine Klasseaktion. Tigana war der Gefährlichste von allen, und er mußte um jeden Preis neutralisiert werden.«

Der Zweck heiligt die Mittel, und jede Schweinerei ist erlaubt, wenngleich es günstiger ist, sie heimlich zu begehen. Basile Boli von »Olympique Marseille«, ein Verteidiger, der im Ruf stand, gegnerische Knöchel zu malträtieren, erzählte von seiner Feuertaufe: 1983 setzte er mit einem Kopfstoß Roger Milla außer Gefecht, der ihn mit seinen andauernden Rippenstößen nervte. Und Boli zog folgenden Schluß aus seiner Erfahrung:

»Das ist die Moral der Geschichte: Schlag zu, bevor du geschlagen wirst, doch schlag so, daß es keiner sieht.«

Man muß möglichst weit weg vom Ball sein, wenn man zuschlägt oder -tritt. Bei der WM 1970 wurde Pelé von dem Italiener Bertini gedeckt. Den lobte er später folgendermaßen: »Bertini war ein Meister im Begehen von Fouls, ohne daß man es sah. Er schlug mir die Faust in die Rippen oder in den Magen, trat mir gegen die Knöchel ... Ein echter Künstler.«

Unter den argentinischen Sportreportern beklatscht man nicht selten die Übergriffe, die Carlos Bilardo zugeschrieben werden, denn er verstand es, sie geschickt und erfolgreich auszuführen. Es heißt, Bilardo habe, als er noch selbst spielte, seine Gegner mit einer Nadel gestochen und ein unschuldiges Gesicht aufgesetzt. Und als er später Trainer der argentinischen Auswahl war, gelang es ihm, während des schwersten Spiels der Welmeisterschaft von 1990 dem durstigen brasilianischen Spieler Branco eine Wasserflasche mit Brechmittel auf den Platz zu schicken.

In Uruguay nennen die Sportreporter einen vorsetzlichen Regelverstoß für gewöhnlich »Spiel mit starkem Bein«, und mehr als einer von ihnen hat den »Weichmachertritt« gefeiert, mit dem die Gegner in internationalen Begegnungen eingeschüchtert werden sollen. Dieser Tritt muß in den ersten Spielminuten ausgeteilt werden. Danach riskiert man einen Platzverweis. Im Fußball Uruguays ist die Gewalt Tochter der Dekadenz. Früher war der Begriff der *garra charrúa*, zu deutsch etwa »Pflugschar«, Ausdruck für einen mutigen Spieler, nicht für einen, der Tritte austeilte.

So beging zum Beispiel Brasilien bei der Weltmeisterschaft von 1950 im berühmten Endspiel von Maracaná doppelt soviele Fouls wie Uruguay. Bei der WM 1990, als es der Trainer Oscar Tabárez geschafft hatte, die Mannschaft Uruguays wieder zu sauberem Spiel zurückzubringen, wiesen einige hämische Kommentatoren vergnüglich darauf hin, daß dies keine guten Ergebnisse zeitigte. Und zahlreich sind die Anhänger und Funktionäre, die es vorziehen, daß ehrlos gewonnen anstatt ehrlich verloren wird.

»Pepe« Sasía, der uruguayische Stürmer, meinte:

»Dem gegnerischen Torwart Sand in die Augen werfen? Den Funktionären ist das nur dann nicht recht, wenn es gesehen wird.«

Die argentinischen Fans schwärmten von dem Tor, das Maradona bei der WM 86 mit der Hand gemacht hatte, *weil der Schiedsrichter es nicht sah*. Bei den Ausscheidungsspielen zur Weltmeisterschaft von 1990 fingierte der Torhüter der chilenischen Elf, Roberto Rojas, eine Verletzung, indem er sich die Stirn aufschnitt, und wurde dabei erwischt. Die chilenischen Fans, die ihn verehrten und den »Kondor« nannten, machten ihn im Handumdrehn zum Bösewicht, *weil der Trick nicht geglückt war*.

Im Profifußball wie auch sonst im Leben kommt es auf die böse Tat nicht an, wenn nur das Alibi gut genug ist. »Kultur« kommt von Kultivieren, was eigentlich Anbauen, Züchten bedeutet. Was kultiviert in uns die Kultur der Macht? Traurigen Ernten einer Macht, die den Verbrechen von Militärs und den Diebereien von Politikern Straffreiheit gewährt und sie noch zu Großtaten stilisiert?

Der Schriftsteller Albert Camus, der in Algerien Torhüter war, sprach nicht vom Profifußball, als er meinte:

»Alles, was ich über Moral weiß, habe ich vom Fußball.«

Verdauungsstörungen

Im Jahre 1989 endete in Buenos Aires ein Spiel zwischen »Argentinos Juniors« und »Racing« unentschieden. Die Regeln verlangten eine Entscheidung durch Elfmeterschießen.

Die Zuschauer sahen den ersten Schüssen vom Elfmeterpunkt stehend und nägelkauend zu. Die Fans jubelten beim Tor von »Racing«. Gleich darauf kam das Tor von »Argentinos Juniors«, und es jubelten die Fans auf den gegenüberliegenden Rängen. Der Jubel kannte keine Grenzen, als der Torhüter von »Racing« sich zur richtigen Seite warf und einen Schuß abfälschte. Und wieder war der Jubel grenzenlos, als der Tormann von »Argentinos« sich nicht täuschen ließ und den Ball goldrichtig in der Tormitte erwartete.

Beim zehnten Elfmeter gab es da oder dort noch etwas Beifall. Ein paar Fans verließen das Stadion, als der zwanzigste Strafstoß geschossen wurde. Beim dreißigsten Schuß aufs Tor brachten die wenigen Zuschauer, die noch im Stadion waren, dafür gerade noch ein Gähnen auf. Die Bälle flogen hin und her, und es stand weiter unentschieden.

Nach vierundvierzig Schüssen aufs Tor endete das Spiel endlich. Es war der Weltrekord im Elfmeterschießen. Da gab es im Stadion jedoch niemanden mehr, der den Sieger hätte feiern können, noch erfuhr irgend jemand, wie es ausgegangen war.

Die Weltmeisterschaft von 1990

Nelson Mandela erlangte seine Freiheit, nachdem er in Südafrika siebenundzwanzig Jahre im Gefängnis gesessen hatte, weil er schwarz und weil er stolz war. In Kolumbien wurde Bernardo Jaramillo ermordet, der Präsidentschaftskandidat der Linken, und die Polizei erschoß aus einem Hubschrauber den Drogenhändler Rodríguez Gacha, einen der zehn reichsten Männer der Welt. Chile erlangte seine arg lädierte Demokratie zurück, doch General Pinochet, weiter Oberbefehlshaber der Armee, hatte ein genaues Auge auf die Politiker und überwachte jeden ihrer Schritte. Fujimori besiegte, auf einem Traktor sitzend, den Schriftsteller Vargas Llosa in den peruanischen Wahlen. In Nicaragua verloren die Sandinisten die Wahlen, besiegt von der Müdigkeit nach zehn Jahren Krieg gegen die von den Vereinigten Staaten ausgerüsteten und ausgebildeten Contras, während die Vereinigten Staaten eine neue Besetzung Panamas begannen, nachdem sie erfolgreich zum einundzwanzigsten Male in diesem Land einmarschiert waren.

In Polen vertauschte der Gewerkschaftsführer Walesa, der jeden Tag die Messe hört, die Gefängniszelle gegen den Präsidentensessel. In Moskau stand eine Menschenmenge vor einem »McDonald's« Schlange. Die Berliner Mauer ging in Stücke, es begann die Vereinigung der beiden Deutschland und der Zerfall Jugoslawiens. Ein Volksaufstand stürzte das Regime von Ceausescu in Rumänien, wobei der altgediente Diktator, der sich »Blaue Donau des Sozialismus« nennen ließ, erschossen wurde. In ganz Osteuropa wurden alte Bürokraten zu neuen Unternehmern, und Kräne stürzten Marx vom Sockel, der nicht einmal »Ich bin unschuldig« sagen konnte. Gewöhnlich gut unterrichtete Kreise in Miami prophezeiten den kurz bevorstehenden Sturz Fidel Castros, der nur noch eine Frage von Stunden sei. Oben am Himmel besuchten irdische Maschinen den Planeten Venus und spionierten seine Geheimnisse aus, während hier unten auf der

Erde, in Italien, die 14. Fußballweltmeisterschaft eröffnet wurde.

Es nahmen vierzehn europäische Mannschaften teil, sechs amerikanische, Südkorea, die Vereinigten Arabischen Emirate und Kamerun, das die ganze Welt in Erstaunen versetzte, als es im Eröffnungsspiel die argentinische Mannschaft schlug und England ein ebenbürtiger Gegner war. Milla, ein vierzigjähriger Veteran, war die erste Trommel in diesem afrikanischen Orchester.

Maradona führte, mit einem wie ein Kürbis geschwollenen Fuß, die Seinen, so gut er konnte. Ziemlich mühsam klang dieser Tango. Nach der Niederlage gegen Kamerun spielte Argentinien gegen Rumänien und Italien unentschieden und hätte um ein Haar gegen Brasilien verloren. Die Brasilianer dominierten das ganze Spiel über, bis Maradona, der nur mit einem Bein spielte, in der Mitte des Spielfelds drei Gegner abschüttelte und Caniggia bediente, der ein Tor schoß, das wie ein großes Aufatmen war.

Im Endspiel standen sich wie schon bei der vorigen WM Argentinien und Deutschland gegenüber, doch diesmal siegte Deutschland dank einer schicksalhaften Strafstoßentscheidung und der Leitung durch Trainer Beckenbauer mit 1 zu 0.

Italien kam auf den dritten Platz, England auf den vierten. Der Italiener Schilacci führte mit sechs Treffern die Torschützenliste an, gefolgt von dem Tschechen Skuhravy mit fünf Toren. Diese Meisterschaft, langweiliger Fußball ohne Risiko, ohne Schönheit, verzeichnete den niedrigsten Durchschnitt an Toren in der Geschichte der Fußballweltmeisterschaften.

Tor durch Rincón

Es geschah während der Weltmeisterschaft von 1990. Kolumbien hatte besser gespielt als Deutschland, lag jedoch mit 0 zu 1 im Rückstand, und die letzte Spielminute war angebrochen.

Der Ball kam in die Mitte des Spielfelds, auf der Suche nach einer Krone aus elektrisch aufgeladenen Haaren: Valderrama nahm ihn mit dem Rücken zum gegnerischen Tor, drehte sich, schüttelte drei Deutsche ab, die ihm lästig waren, und spielte den Ball Rincón zu, und Rincón paßte ihn wieder zurück, deiner und meiner, meiner und deiner, hin und zurück, bis Rincón ein paar Giraffensätze stelzte und allein vor Illgner, dem deutschen Torhüter, stand. Illgner versperrte das Tor. Da trat Rincón die lederne Kugel nicht: Er streichelte sie. Und sie, sie glitt ganz sacht zwischen den Beinen des Torwarts hindurch, und drin war sie.

Hugo Sánchez

Es war im Jahre 1992, Jugoslawien war in tausend Stücke zersprungen, und der Krieg hatte die Brüder gelehrt, sich gegenseitig zu hassen und ohne Skrupel zu töten und zu vergewaltigen.

Zwei mexikanische Journalisten, Epi Ibarra und Hernán Vera, wollten nach Sarajevo gelangen. Sarajevo, bombardiert und belagert, war eine für die internationale Presse verbotene Stadt, und mehr als ein Journalist hatte seine Kühnheit schon mit dem Leben bezahlt.

In der Umgebung herrschte das Chaos. Jeder gegen jeden: Niemand wußte, wer wer war, noch gegen wen er kämpfte, in diesem Durcheinander aus Schützengräben, rauchenden Trümmern und unbestatteten Toten. Mit der Landkarte in der Hand schafften es Epi und Hernán irgendwie, sich einen Weg durch Geschützfeuer und Maschinengewehrsalven zu bahnen, bis sie auf einmal, am Ufer des Flusses Drina, auf einen Trupp

Soldaten stießen. Die Soldaten warfen sie zu Boden und hielten ihnen die Mündungen ihrer Gewehre auf die Brust. Der Offizier bellte irgendwas, und sie antworteten stotternd irgendwas, doch als sich der Offizier mit dem Zeigefinger über die Kehle fuhr und die Gewehre »Klick« machten, da verstanden die beiden Journalisten ganz genau, daß man sie für Spione hielt und daß ihnen wohl nichts anderes übrig blieb, als sich zu verabschieden und zu beten, für den Fall, daß es einen Himmel gibt.

Da hatten die Todgeweihten die Idee, ihre Pässe zu zeigen. Und das Gesicht des Offiziers erhellte sich:

»Mexiko!« rief er. »Hugo Sánchez!«

Und er ließ seine Waffe sinken und umarmte die beiden.

Hugo Sánchez, der mexikanische Schlüssel, der diese Tür öffnete, hatte internationalen Ruhm dank des Fernsehens errungen, das seine kunstvollen Tore und die Purzelbäume zeigte, die er schlug, um sie zu feiern. In der Spielzeit 89/90, als er das Trikot von »Real Madrid« trug, trat er den Ball achtunddreißig Mal ins Netz. Er war der beste ausländische Torschütze in der gesamten Geschichte des spanischen Fußballs.

Die Grille und die Ameise

Im Jahre 1992 besiegte die sangesfreudige Grille die arbeitsame Ameise mit 2 zu 0.

Im Endspiel der Europameisterschaft standen sich Deutschland und Dänemark gegenüber. Die deutschen Spieler hatten Fasten, Abstinenz und Arbeit hinter sich, die Dänen Biergelage, Frauen und faule Sonnentage. Dänemark hatte in den Ausscheidungsspielen verloren, und die Spieler der Nationalmannschaft waren im Urlaub, als man sie plötzlich rief, den Platz Jugoslawiens einzunehmen, das wegen des Krieges im Land nicht teilnehmen konnte. Die Dänen hatten weder Zeit noch Lust, sich groß vorzubereiten, und außerdem fehlte ihnen ihr brillantester Spieler, Michael Laudrup, ein quicklebendiger und zuverlässiger Spieler, der gerade mit seinem Verein, Barcelona, den Europapokal der Landesmeister gewonnen hatte. Die deutsche Auswahl hingegen kam mit Matthäus, Klinsmann und all ihren Stars ins Endspiel. Deutschland, das gewinnen *mußte*, unterlag Dänemark, das zu nichts verpflichtet war und so spielte, als sei das Spielfeld eine Verlängerung des Strandes.

Gullit

Im Jahre 1993 gingen die Wogen des Rassismus hoch. Der Gestank dieser Pest war wie ein wiederkehrender Alptraum in ganz Europa zu spüren, während Verbrechen geschahen und Gesetze gegen die Einwanderer aus den ehemaligen Kolonien verabschiedet wurden. Viele weiße junge Leute fanden keine Arbeit, und die Menschen dunkler Hautfarbe mußten die Zeche zahlen.

In jenem Jahr gewann zum ersten Male eine französische Mannschaft den Europacup. Das Siegestor schoß Basile Boli, ein Schwarzafrikaner aus der Elfenbeinküste, der per Kopfball den Eckstoß eines anderen Afrikaners, Abedi Pelé aus Ghana, verwandelte. Gleichzeitig konnten nicht einmal die blindesten Verfechter der weißen Überlegenheit abstreiten, daß die besten holländischen Spieler immer noch die Veteranen Ruud Gullit und Frank Rijkaard waren, Söhne dunkelhäutiger Einwanderer aus Surinam, und daß der Afrikaner Eusebio der beste Fußballer Portugals gewesen war.

Ruud Gullit, auch »die schwarze Tulpe« genannt, ist immer ein entschiedener Gegner des Rassismus gewesen. Zwischen seinen Spielen hat er mit der Gitarre in der Hand an mehreren Konzerten gegen die Apartheid in Südafrika teilgenommen, und als er 1987 zum besten Fußballer Europas gewählt wurde, widmete er seinen »Goldenen Fußball« Nelson Mandela, der viele Jahre im Gefängnis gesessen hatte wegen des Verbrechens, daran zu glauben, daß Schwarze auch Menschen sind.

Gullit wurde dreimal am Knie operiert. Jedesmal hielten ihn die Kommentatoren für erledigt. Doch er erholte sich jedesmal wieder, aus reiner Lust am Spielen:

»Ohne den Fußball bin ich wie ein Säugling ohne Schnuller.«

Seine flinken, torschießenden Beine und seine überragende Figur, die eine Mähne aus Rasta-Locken krönt, haben ihm die Verehrung der Fans in den besten Mannschaften der Niederlande und Italiens gesichert. Dagegen hat sich Gullit nie besonders gut mit Trainern und Funktionären verstanden, wegen seiner Angewohnheit, zu widersprechen, und wegen seiner beharrlichen Unart, die Geldkultur anzuklagen, die dabei ist, den Fußball zu nichts weiter als einem Titel an der Warenbörse zu machen.

Der Vatermord

Ende des Winters 1993 spielte die kolumbianische Auswahl in Buenos Aires gegen Argentinien ein Ausscheidungsspiel für die bevorstehende Weltmeisterschaft. Als die kolumbianischen Spieler auf den Platz liefen, wurden sie ausgepfiffen, ausgebuht, beschimpft. Als sie vom Spielfeld gingen, verabschiedete sie das Publikum mit einer stehenden Ovation, die heute noch zu hören ist.

Argentinien verlor 0 zu 5. Wie üblich, mußte der Torwart die Verantwortung für die Niederlage übernehmen, doch wurde der Sieg des Gegners gefeiert wie nie zuvor. Einhellig dankten die argentinischen Zuschauer den Kolumbianern ihr herrliches Spiel, das Fest der Beine, eine Lust für die Augen: Ein Tanz, der mit wechselnder Choreographie seine eigene Musik schuf. Die Überlegenheit des »Pibe« Valderrama, eines einfachen Mulatten, ließ die Prinzen vor Neid erblassen, und die schwarzen Spieler waren die Könige des Fußballfestes: an Perea kam niemand vorbei, Valencia, »die Dampflok«, war nicht zu halten, niemand konnte gegen die Tintenfischarme von Asprilla an, und niemand hielt die Geschosse von Rincón. Wegen der Farbe ihrer Haut und der Farbe ihrer Fußballfreude schienen sie wie die brasilianische Mannschaft in ihren besten Zeiten.

Die Kolumbianer nannten dieses haushoch gewonnene Spiel »Vatermord«. Ein halbes Jahrhundert zuvor waren Argentinier die Väter des Fußballs in Bogotá, Medellín oder Cali gewesen. Doch wie das Leben so spielt, hatten Pedernera, Di Stefano, Rossi, Rial, Pontoni und Moreno in Kolumbien eher einen brasilianischen Sohn gezeugt.

Tor durch Zico

Es geschah im Jahre 1993. In Tokio bestritt der Klub »Kashima« das Endspiel um den Kaiserpokal gegen die Mannschaft von »Tohoku Sendai«.

Der Brasilianer Zico, der Star von »Kashima«, schoß das Siegestor, das schönste Tor seines Lebens. Der Ball wurde von der rechten Seite in die Mitte geflankt. Zico, der im Halbkreis am Strafraum stand, sprintete los, um ihn zu erreichen. Doch er war etwas zu schnell: Als er merkte, daß der Ball hinter ihm auf den Rasen herunterkam, schlug er einen Salto, und so in der Luft schwebend, mit dem Gesicht zum Boden, trat er den Ball mit dem Hacken. Das war ein umgekehrter Fallrückzieher.

»Erzählt mir mal dies Tor«, sagten die Blinden.

Ein Sport der Flucht

Als Spanien noch unter der Diktatur Francos litt, definierte der Präsident von »Real Madrid«, Santiago Bernabéu, die Aufgabe seines Klubs folgendermaßen: »Wir leisten einen Dienst an der Nation. Wir möchten dazu beitragen, daß die Leute zufrieden sind.«

Und sein Kollege von »Atlético Madrid«, Vicente Calderón, lobte ebenfalls die Tugenden dieser kollektiven Beruhigungspille:

»Der Fußball ist ein gutes Mittel, daß die Leute nicht an gefährlichere Dinge denken.«

In den Jahren 1993 und 1994 wurden mehrere Funktionäre des internationalen Fußballs verschiedener Finanzdelikte bezichtigt und sogar deswegen vor Gericht gestellt. Da zeigte sich einmal mehr, daß der Fußball nicht nur ein Sport der Flucht aus sozialem Elend ist, sondern auch der Kapitalflucht und der Steuerflucht zu dienen vermag.

Längst sind die Zeiten vorbei, in denen die wichtigsten Vereine der Welt noch ihrer Anhängerschaft und ihren Spielern gehörten. Damals war es der Klubpräsident persönlich, der mit dem Kalkeimer in der einen Hand und dem Quast in der anderen das Spielfeld markierte, und die größte Verschwendung des Vorstands war ab und zu ein Festessen in einer Kneipe des Stadtviertels. Heutzutage sind dieselben Vereine

GmbHs, die beim Ankauf von Spielern und Verkauf von Fußballshows mit großen Summen hantieren, und sie sind daran gewöhnt, den Staat zu betrügen, das Publikum an der Nase herumzuführen und das Arbeitsrecht zu verletzen und alle anderen Rechte auch. Und sie sind daran gewöhnt, dabei straffrei auszugehen. Es gibt unter multinationalen Firmen keine mit einem ähnlich großen straffreien Raum wie die FIFA. Die FIFA hat ihr eigenes Recht. Wie in »Alice im Wunderland« spricht dieses Recht des Unrechts erst das Urteil und macht dann den Prozeß, es wird schon noch Zeit genug dafür bleiben.

Der Profifußball funktioniert außerhalb des Rechts, in einem heiligen Raum, wo er seine Gesetze schreibt und die Gesetze der anderen mißachtet. Doch weshalb macht das Recht um den Fußball einen solchen Bogen? Höchst selten trauen sich die Richter einmal, den Vorständen der großen Klubs die rote Karte zu zeigen, obwohl sie genau wissen, daß diese Künstler im Buchhaltungsdribbling gegen den Fiskus Abseitstore schießen und die Regeln des sauberen Spiels gründlich mißachten. Die Erklärung ist ganz einfach: Auch die Richter wissen, daß sie ein schrilles Pfeifkonzert riskieren, wenn sie versuchen, hart durchzugreifen. Der Profifußball ist unantastbar, weil er die Massen begeistert. »Die Funktionäre betrügen für uns«, sagen die Fans und glauben es auch.

Die jüngsten Skandale haben gezeigt, daß es ein paar Richter gibt, die bereit sind, diese Tradition der Straffreiheit zu durchbrechen, und haben dazu gedient, die Finanzakrobatik und Versteckspiele, die einige der reichsten Vereine der Welt praktizieren, ans Licht der Öffentlichkeit zu bringen.

Der Präsident des Vereines aus dem italienischen Perugia, der 1993 bezichtigt wurde, Schiedsrichter gekauft zu haben, ging zum Gegenangriff über:

»Der Fußball ist zu achtzig Prozent korrupt.«

Die Sachverständigen waren sich darüber einig, daß er untertrieben hatte. Alle wichtigen Klubs Italiens, vom Norden bis in den Süden, von Mailand und Turin bis Neapel und Cagliari, sind, die einen mehr, die anderen weniger, in Betrugsskandale verwickelt. Es ist bewiesen worden, daß ihre gefälschten Bilanzen Schulden vertuschen, die das Stammkapital um ein Vielfaches übersteigen, daß die Vorstände schwarze Kassen, Briefkastenfirmen und geheime Konten in der Schweiz führen, daß sie weder Steuern noch Sozialabgaben zahlen, sehr wohl dagegen dicke Gehälter für Dienste, die keiner gleistet hat, und daß die Spieler für gewöhnlich viel weniger Geld erhalten als das, was aus der Kasse an sie abgeht, von dem unterwegs einiges verschwindet.

Genau dieselben Tricks sind unter den bekanntesten Mannschaften Frankreichs gang und gäbe. Einige Mitglieder aus dem Vorstand des Klubs von Bordeaux sind der Unterschlagung von Vereinsmitteln zur persönlichen Bereicherung bezichtigt worden, und die Vorstandsspitze von »Olympique Marseille« stand wegen Spielerbestechung vor Gericht. »Olympique«, der stärkste französische Verein, wurde in die zweite Liga degradiert und verlor seine Titel als französischer Meister und Europameister, als 1993 herauskam, daß seine Funktionäre vor einem Spiel die Spieler vom Gegner Valenciennes bestochen hatten. Die Episode beendete die sportliche Laufbahn und die politischen Ambitionen des Unternehmers Bernard Tapie, der bankrott ging und für ein Jahr ins Gefängnis wanderte.

Zur gleichen Zeit verlor der polnische Meister »Legia« seinen Titel, weil er zwei Spiele »vereinbart« hatte, und »Tottenham Hotspurs« aus England machte öffentlich, daß man dem Verein für den Transfer eines Spielers zu »Nottingham Forest«

ein geheimes Handgeld angeboten hatte. Gegen den englischen Klub »Luton« lief unterdessen ein Verfahren wegen Steuerhinterziehung.

Parallel dazu gab es auch in Brasilien ein paar Skandale der Fußballdelinquenz. Der Präsident des Vereins »Botafogo« erklärte, die Verantwortlichen des Fußballs in Rio de Janeiro hätten 1993 sieben Spiele manipuliert und auf diese Weise bei den Wetten viel Geld gewonnen. In São Paulo kam ans Licht, daß der oberste Boß des örtlichen Fußballverbandes über Nacht reich geworden war, und beim Durchleuchten gewisser geheimer Konten stellte sich heraus, daß sein plötzliches Vermögen nicht daher kam, daß er sein Leben dem hehren Priesteramt des Sports gewidmet hatte. Und als ob dies alles noch nicht genug gewesen wäre, wurde der Präsident des brasilianischen Fußballverbandes, Ricardo Texeira, von Pelé bei Gericht angezeigt, der ihn der unrechtmäßigen Bereicherung beim Verkauf von Fernsehübertragungsrechten beschuldigte. Als Antwort auf die Klage Pelés machte Havelange seinen Schwiegersohn Texeira zum Vorstandsmitglied der FIFA.

Fast zweitausend Jahre vor all diesem erzählte der biblische Patriarch, der die Apostelgeschichte aufschrieb, die Episode von zwei der ersten Christen, Ananias und seiner Frau Safira. Ananias und Safira hatten ein Feld verkauft und nicht den korrekten Preis genannt. Als Gott von dem Betrug erfuhr, streckte er sie umgehend mit einem Blitzschlag nieder.

Wenn Gott Zeit hätte, sich um Fußball zu kümmern: Wieviele Funktionäre blieben dann wohl noch am Leben?

Die Weltmeisterschaft von 1994

Bewaffnet erhoben sich die Indios von Chiapas, das südliche Mexiko entglitt dem offiziellen Mexiko aus den Händen, und Subcomandante Marcos erstaunte die Welt mit seinen Worten voller Witz und Wärme.

Es starb Onetti, der Romancier der Seelenschatten. Auf einer unsicheren europäischen Piste brachte sich der Brasilianer Ayrton Senna um, Weltmeister im Formel-1-Fahren. Serben, Kroaten und Muslime brachten sich im zerstückelten Jugoslawien gegenseitig um. In Ruanda geschah ähnliches, doch sprach das Fernsehen hier nicht von Völkern, sondern von Stämmen und zeigte die Gewalt, als sei sie eine Angelegenheit von Negern.

Die Erben von Omar Torrijos gewannen die Wahlen in Panama, vier Jahre nach dem blutigen Einmarsch und der nutzlosen Besetzung durch nordamerikanische Truppen. Die nordamerikanischen Truppen zogen sich aus Somalia zurück, wo sie den Hunger mit dem Gewehr in der Hand bekämpft hatten. Südafrika stimmte für Mandela. Die Kommunisten, in Sozialisten umgetauft, siegten in den Parlamentswahlen von Litauen, der Ukraine, Polen und Ungarn, wo man gemerkt hatte, daß auch der Kapitalismus seine Nachteile hat, doch der Verlag »Progreso« in Moskau, der früher die Werke von Marx

und Lenin verbreitete, widmete sich nun dem Druck von »Reader's Digest«. Gewöhnlich gut unterrichtete Kreise in Miami prophezeiten den Sturz Fidel Castros, der nur noch eine Frage von Stunden sei.

Korruptionsskandale erschütterten die politischen Parteien Italiens, und das Machtvakuum wurde von Berlusconi gefüllt, einem Neureichen, der die Diktatur des Fernsehens im Namen der demokratischen Vielfalt ausübte. Berlusconi begleitete seine erfolgreiche Kampagne mit einer Parole, die aus den Fußballstadien geklaut war, während in den Vereinigten Staaten, dem Heimatland des Baseball, die 15. Fußballweltmeisterschaft eröffnet wurde.

Die nordamerikanische Presse schenkte der Angelegenheit wenig Beachtung und kommentierte ungefähr folgendermaßen: »Hier bei uns ist der Fußball der Sport der Zukunft, und das wird er auch immer bleiben.« Doch waren die Stadien zum Bersten gefüllt, trotz einer unbarmherzig brennenden Sonne. Dem europäischen Fernsehen zuliebe wurden die wichtigsten Begegnungen mittags ausgetragen, wie schon während der Weltmeisterschaft von 1986 in Mexiko.

Es beteiligten sich diesmal dreizehn europäische Mannschaften, sechs amerikanische, drei afrikanische, Südkorea und Saudiarabien; und um der Gewalt auf dem Spielfeld entgegenzuwirken, waren die Schiedsrichter sehr strikt und vergaben das gesamte Turnier über jede Menge Verwarnungen und Platzverweise. Zum ersten Male waren die Schiedsrichter

bunt gekleidet, und zum ersten Male gestand man jeder Mannschaft einen dritten Ersatzspieler zu, um den verletzten Torwart auszutauschen.

Maradona spielte seine letzte WM, und es war eine Lust, ihn spielen zu sehen, bis er von dem Labor besiegt wurde, das nach dem zweiten Spiel einen Urintest bei ihm vornahm. Ohne ihn und den schnellen Caniggia ging es mit Argentinien bergab. Nigeria bot den unterhaltsamsten Fußball des Turniers. Bulgarien, die Mannschaft von Stoichkov, kam auf den vierten Platz, nachdem es das gefürchtete Deutschland ausgeschaltet hatte. Der dritte Platz ging an Schweden. Italien trug gegen Brasilien das Endspiel aus. Es war ein langweiliges Spiel, doch zwischen zweimal Gähnen gaben Romario und Baggio ein paar Lektionen in gutem Fußball. Die Verlängerung endete ohne Tore. Im Elfmeterschießen siegte Brasilien 3 zu 2 und wurde damit Weltmeister. Eine Geschichte großer Erfolge: Brasilien ist das einzige Land, das an allen Weltmeisterschaften teilgenommen hat, das einzige, das viermal Weltmeister wurde, dasjenige, das die meisten Spiele gewann und das die meisten Tore schoß.

Bei der WM 94 führten der Bulgare Stoichkov und der Russe Salenko mit je sechs Treffern die Torschützenliste an, gefolgt von dem Brasilianer Romario, dem Italiener Baggio, dem Schweden Andersson und dem deutschen Klinsmann mit je fünf Toren.

Romario

Aus welchem Teil der Luft auch immer auftauchend, schlägt der Tiger zu und verschwindet wieder. Der Torwart, in seinem Käfig gefangen, hat nicht einmal Zeit zu blinzeln. In einem funkensprühenden Feuerwerk versetzt Romario seine Tore wie Prankenhiebe aus der halben Drehung, im Fallrückzieher, aus der Luft, mit dem Spann, dem Hacken, der Fußspitze oder der Innenseite seines Fußes.

Romario kam arm zur Welt, im Elendsviertel von Jacarezinho, doch schon als Kind übte er seine Unterschrift für die vielen Autogramme, die er in seinem Leben geben wollte. Er erstieg die Höhen des Ruhms, ohne den obligatorischen Preis der Selbstverleumdung zu zahlen: Dieser bettelarme Mann leistete sich immer den Luxus zu tun, was er wollte, seine Nächte zu genießen, die Feste zu feiern, wie sie fallen, und immer sagte er, was er dachte, ohne lange darüber nachzudenken, was er sagte.

Jetzt hat er eine Sammlung von Mercedes Benz und zweihundertfünfzig Paar Schuhe, doch sind seine besten Freunde immer noch die gleichen unansehnlichen Hungerleider, die ihm in seiner Kindheit zeigten, wie man zuschlagen muß.

Baggio

In diesen letzten Jahren hat niemand den Italienern so guten Fußball und soviel Gesprächsstoff gegeben. Der Fußball von Roberto Baggio ist geheimnisvoll: Die Beine denken für sich selbst, der Fuß schießt von ganz allein, die Augen sehen die Tore, bevor sie fallen.

Der ganze Baggio ist ein langer Pferdeschwanz, der in elegantem Vor und Zurück Gegner verschreckt. Die Gegner bedrängen ihn, beißen ihn, treten ihn. Baggio trägt buddhistische Botschaften unter seiner Armbinde des Mannschaftskapitäns. Der Buddha verhindert die Tritte nicht, doch er macht sie erträglicher. Und von seiner grenzenlosen Ruhe aus hilft er auch, die Stille zu entdecken, die jenseits des Lärms der Ovationen und der Pfeifkonzerte liegt.

Zahlenspielereien

Von 1930 bis 1994 gewannen Mannschaften des amerikanischen Kontinents acht Fußballweltmeisterschaften und europäische sieben. Brasilien errang den Worldcup viermal, Argentinien und Uruguay je zweimal. Italien und Deutschland waren je dreimal Weltmeister; England gewann nur die WM, deren Gastgeber es war.

Dabei hatte Europa doppelt soviele Möglichkeiten, aufgrund seiner überwältigenden Mehrheit an teilnehmenden Mannschaften. Während der fünfzehn Welmeisterschaften hatten die europäischen Mannschaften 159 Mal Gelegenheit, Weltmeister zu werden, die Mannschaften der amerikanischen Länder jedoch nur 77 Mal. Außerdem waren die Schiedsrichter in ihrer überwältigenden Mehrheit auch Europäer.

Im Gegensatz zu den Weltmeisterschaften bietet der Weltpokal den europäischen und amerikanischen Mannschaften die gleichen Chancen. Bei diesen Turnieren, bei denen sich die Klubs und nicht die Nationalmannschaften gegenüberstehen, haben amerikanische Mannschaften zwanzigmal gesiegt und europäische dreizehnmal.

Der Fall Großbritanniens ist der erstaunlichste, was die ungleiche Chancenverteilung bei den Weltmeisterschaften angeht. Wie man mir in meiner Kindheit erklärt hat, ist Gott Einer und Drei gleichzeitig, Vater, Sohn und Heiliger Geist. Ich habe es nie richtig begriffen. Und ich begreife auch heute noch nicht, wie Großbritannien eines und doch gleichzeitig vier sein kann, England, Schottland, Nordirland und Wales, während zum Beispiel Spanien und die Schweiz nur ein einziges Land sind, trotz der unterschiedlichen Nationalitäten, aus denen sie sich zusammensetzen.

Auf alle Fälle beginnt das traditionelle Monopol Europas, an dem die alte Welt Amerika bisher nur zähneknirschend hatte teilnehmen lassen, zu wanken. Bis zur WM 94 ließ die FIFA nur das eine oder andere Land aus den restlichen Regionen der Welt zu, so wie jemand, der vor der Weltkarte ein Alibi braucht. Von der WM 98 an steigt die Zahl der teilnehmenden Länder von 24 auf 32. Europa behält seine ungerechte Quote gegenüber Amerika, muß jedoch wohl oder übel hinnehmen, daß mehr Länder südlich der Sahara teilnehmen können, aus Schwarzafrika mit seinem fröhlichen, vor Freude explodierenden, schnellen Fußball, und auch aus den arabischen Regionen und Asien, die bisher nur von draußen haben zuschauen dürfen, wie die Chinesen, die Fußballpioniere waren, und die Japaner aus dem Reich des aufgehenden Balls.

Die Pflicht, zu verlieren

Für die Auswahl Boliviens war der Gewinn der Auscheidung für die WM 94 wie eine Reise zum Mond. Dieses Land, das von der Geographie so bedrängt und von der Geschichte so schlecht behandelt worden ist, hatte zwar an früheren Weltmeisterschaften teilgenommen, doch immer nur auf Einladung, und es hatte alle Spiele verloren und noch nie ein Tor geschossen.

Die Arbeit des Trainers Xabier Azkargorta begann, Früchte zu tragen, und das nicht nur im Stadion von La Paz, wo über den Wolken gespielt wird, sondern auch auf Meereshöhe. Der bolivianische Fußball zeigte, daß die große Höhe nicht sein einziger guter Spieler war und daß er sehr wohl den Komplex überwinden konnte, der ihn jedes Spiel verlieren ließ, noch bevor es angefangen hatte. In den Ausscheidungsspielen glänzte Bolivien. Melgar und Baldivieso im Mittelfeld und Sánchez und vor allem Etcheverry, genannt »*el Diablo*«, der Teufel, im Sturm wurden von unterschiedlichem und anspruchsvollem Publikum bejubelt.

Das Pech, das große Pech wollte es, daß Bolivien das Eröffnungsspiel der Weltmeisterschaft gegen das allmächtige Deutschland bestreiten mußte. Däumling gegen Rambo. Doch es geschah, was niemand vorhersehen konnte: Anstatt sich erschrocken vor dem Tor zusammenzudrängen, warf sich Bolivien in den Angriff und spielte nicht nur von gleich zu gleich, nein: Es spielte als der Bessere gegen den Schlechteren. Deutschland lief verschreckt umher, und Bolivien hatte seinen Spaß. Und so lief es, bis zu dem Moment, als der bolivianische Star Marco Antonio Etcheverry auf den Platz kam und eine Minute später Matthäus einen absurden Tritt verpaßte und vom Platz gestellt wurde. Da brach Bolivien in sich zusammen und tat Buße dafür, daß es gegen das Schicksal gesündigt hatte, das es zum Verlieren zwingt, als unterläge es wer weiß welcher geheimen Verdammnis, die schon Jahrhunderte währt.

Die Sünde, zu verlieren

Der Fußball hebt seine Gottheiten in den Himmel, und er setzt sie der Rache seiner Gläubigen aus. Mit dem Ball am Fuß und den Nationalfarben auf der Brust zieht der Spieler, sein Land verkörpernd, auf ferne Schlachtfelder, um dort Ruhm zu erringen. Wenn er als besiegter Krieger nach Hause zurückkehrt, ist er ein gefallener Engel. Auf dem Flughafen Ezeiza von Buenos Aires wurden die Spieler der argentinischen Nationalmannschaft 1958 von den Leuten mit Münzen beworfen, nachdem sie bei der WM in Schweden so schlecht abgeschnitten hatten. Bei der Weltmeisterschaft von 1982 verschoß der chilenische Spieler Caszely einen Elfmeter, und zuhause machte man ihm deswegen das Leben schwer. Zehn Jahre später baten einige Spieler Äthiopiens bei den Vereinten Nationen um Asyl, nachdem sie gegen Ägypten mit 6 zu 1 verloren hatten.

Wir sind, weil wir gewinnen. Wenn wir verlieren, hören wir auf zu sein. Das Trikot der Nationalmannschaft ist zum unbestrittenen Symbol kollektiver Identität geworden, und das nicht nur in den kleinen oder armen Ländern, die vom Fußball abhängen, um überhaupt auf der Landkarte zu erscheinen. Als England bei der Klassifikation zur WM 94 ausschied, titelte der »Daily Mirror« aus London in riesiger Katastrophenschrift: DAS ENDE DER WELT.

Beim Fußball, wie bei allem anderen auch, ist es verboten, zu verlieren. Am Ende dieses Jahrhunderts ist die Niederlage, das Scheitern, die einzige Sünde, die keine Vergebung kennt. Während der Weltmeisterschaft von 1994 zündete eine Handvoll aufgebrachter Fans das Haus von Joseph Bell an, des Torwarts der geschlagenen Mannschaft von Kamerun, und der kolumbianische Spieler Andrés Escobar fiel in Medellín den Schüssen von Attentätern zum Opfer. Escobar hatte das Pech gehabt, ein Eigentor zu schießen und hatte so einen unverzeihlichen Akt von Hochverrat begangen.

Schuld des Fußballs oder Schuld des Erfolgswahns und des gesamten Machtsystems, von dem der Fußball ein Teil ist und das er widerspiegelt? Als Sport ist der Fußball nicht dazu verdammt, Gewalt zu produzieren, auch wenn er der Gewalt manchmal als Druckventil dient. Es ist kein Zufall, daß der Mord an Escobar in einem der gewalttätigsten Länder der Welt geschah. Gewalt gehört sicher nicht zur Erbmasse des kolumbianischen Volkes, eines Volkes, das das Leben feiert, verrückt ist vor Freude an Musik und Fußball, und das die Gewalt erleidet wie eine Krankheit, sie jedoch nicht wie ein Kainsmal auf der Stirn trägt. Das Machtsystem dagegen ist sehr wohl ein Faktor der Gewalt: Wie in ganz Lateinamerika vergiften seine Ungerechtigkeiten und Demütigungen die Seelen der Menschen, seine Werteskala belohnt den Skrupellosen, und seine traditionelle Straffreiheit stachelt das Verbrechen an und trägt dazu bei, es wie einen alten Brauch fortzuführen.

Ein paar Monate, bevor die WM 94 eröffnet wurde, erschien der Jahresbericht von »amnesty international«. »amnesty« zufolge »wurden in Kolumbien im Jahre 1993 Hunderte von Personen außergerichtlich von den Streitkräften und ihren paramilitärischen Verbündeten exekutiert. Die Mehrheit der Opfer dieser Exekutionen waren Personen ohne offensichtliche politische Betätigung.«

Der Bericht von »amnesty international« deckte auch die Verantwortung der kolumbianischen Polizei bei den »sozialen Säuberungsaktionen« auf, ein Euphemismus, der die systematische Vernichtung von Homosexuellen, Prostituierten, Drogenabhängigen, Bettlern, geistig Behinderten und Straßenkindern bezeichnet. Die Gesellschaft nennt sie *desechables*, Wegzuwerfende, was soviel bedeutet wie: menschlicher Müll, der den Tod verdient.

In dieser Welt, die das Scheitern bestraft, sind sie die ewigen Verlierer.

Maradona

Er spielte, siegte, pinkelte und verlor. Die Analyse verriet Efedrin, und Maradona beendete kläglich seine WM 94. Efedrin, eine Droge, die im Profisport der USA und vieler anderer Länder nicht als stimulierend gilt, ist in internationalen sportlichen Wettbewerben verboten.

Es gab Erstaunen und Entrüstung. Der Donner der Verdammnis ließ die gesamte Welt taub werden, doch immerhin gab es auch ein paar unterstützende Stimmen für das gefallene Idol. Und das nicht nur in seinem traurig-bestürzten Argentinien, sondern auch an so weit entfernten Orten wie Bangladesh, wo eine große Gruppe Demonstranten auf den Straßen ihre Ablehnung der FIFA hinausbrüllte und die Rückkehr des Ausgestoßenen forderte. Schließlich war es nur zu einfach, ihn abzuurteilen, und genauso einfach, ihn zu verdammen, doch nicht so einfach war es zu vergessen, daß Maradona seit Jahren die Sünde begangen hatte, der Beste zu sein, das Delikt, lauthals die Dinge beim Namen zu nennen, die die Macht verschwiegen haben möchte, und das Verbrechen, mit dem linken Fuß zu spielen, auf spanisch *la zurda* genannt, was dem Lexikon von Larousse zufolge nicht nur »mit links« bedeutet, sondern auch »anders, als man eigentlich soll«.

Diego Armando Maradona hatte vor Spielen nie stimulierende Mittel eingenommen, um die Kräfte seines Körpers zu vervielfachen. Es stimmt, daß er Kokain geschnupft hatte, doch nahm er die Droge bei traurigen Festen, um zu vergessen oder vergessen zu werden, als er schon vom Ruhm bedrängt wurde und nicht mehr ohne die Berühmtheit leben konnte, die ihn nicht leben ließ. Er spielte besser als alle anderen, trotz, nicht wegen des Kokain.

Ihn erdrückte das Gewicht seiner eigenen Persönlichkeit. Er hatte Rückgratprobleme seit dem fernen Tage, an dem die Menge zum ersten Male seinen Namen geschrien hatte. Maradona trug eine Last, die Maradona hieß und die seinen Rücken krachen ließ. Der Körper als Metapher: Die Beine taten ihm weh, er konnte nicht ohne Tabletten schlafen. Es hatte nicht lange gedauert, bis er merkte, wie unerträglich es war, als ein Gott in den Stadien zu arbeiten, doch von Anfang an wußte er, daß es unmöglich war, damit aufzuhören. »Ich brauche es, gebraucht zu werden«, gestand er einmal, als er schon viele Jahre den Heiligenschein über seinem Kopf trug und der Tyrannei übermenschlicher Leistung unterworfen war und vollgepumpt mit Kortison und Schmerzmitteln und Jubel, bedrängt von den Erwartungen derjenigen, die ihn verehrten, und dem Haß derer, die er mit seiner Existenz beleidigte.

Mit der Lust, Idole vom Sockel zu stoßen, verhält es sich umgekehrt proportional zu der Notwendigkeit, sie zu besitzen. Als ihn in Spanien Goicoechea von hinten zusammentrat, ohne daß er überhaupt im Ballbesitz gewesen war, und ihn für mehrere Monate außer Gefecht setzte, fehlten nicht die Fans, die den Schuldigen dieses vorsätzlichen Totschlags auf den Schultern vom Platz trugen, und auf der ganzen Welt gab es

genügend Leute, die bereit waren, den Fall dieses arroganten Latinos zu feiern, dieses Eindringlings in obere Etagen, dieses Neureichen, der dem Hunger entronnen war und es wagte, aufsässig und großmäulig zu sein.

In Neapel war Maradona dann »Santa Maradonna«, und San Gennaro wurde zu »San Gennarmando«. Auf den Straßen wurden Votivbildchen von der Gottheit in kurzen Hosen verkauft, beschienen von der Krone der Jungfrau Maria oder in den Mantel des Heiligen gehüllt, der alle sechs Monate blutet, und man verkaufte auch Särge mit den Namen der Vereine Norditaliens und Fläschchen mit den Tränen von Silvio Berlusconi. Kinder und Hunde trugen Maradona-Perücken. Unter dem Fuß des Dante-Denkmals lag ein Ball, und der Triton im Brunnen trug das blaue Trikot von Neapel. Seit mehr als einem halben Jahrhundert hatte der Verein der Stadt keine Meisterschaft mehr gewonnen, eine Stadt, die dem Zorn des Vesuv und den Niederlagen auf den Fußballplätzen ausgeliefert war, und dank Maradona hatte der dunkle Süden es endlich geschafft, den weißen Norden zu demütigen, der den Süden immer verachtet hatte. Pokal auf Pokal gewann Neapel in den italienischen und europäischen Stadien, und jedes Tor war eine Mißachtung der etablierten Ordnung und eine Revanche an der Geschichte. In Mailand haßte man den Verantwortlichen für diese Frechheiten der Armen, die ihren Platz verlassen hatten, und nannte ihn »Schinken mit Locken«. Und nicht nur in Mailand: Bei der Weltmeisterschaft von 1990 strafte das Publikum Maradona mit wütenden Pfeifkonzerten, wenn er in Ballbesitz kam, und die

Niederlage Argentiniens gegen Deutschland wurde gefeiert wie ein italienischer Sieg.

Als Maradona sagte, er wolle Neapel verlassen, gab es welche, die warfen ihm mit Nadeln durchbohrte Wachspuppen durchs Fenster. Als Gefangener der Stadt, die ihn verehrte, und der »Camorra«, der Mafia, die die Stadt besitzt, spielte er inzwischen wider Willen, auf dem falschen Fuß; und da brach der Kokaskandal über ihn herein. Von einem Augenblick zum anderen wurde aus Maradona »Maracoca«, ein Gauner, der sich für einen Helden ausgegeben hatte.

Später, in Buenos Aires, übertrug das Fernsehen den zweiten Teil des Dramas: Maradonas Verhaftung live, als sei sie ein Fußballspiel, zum Vergnügen derjenigen, die ihr Gefallen daran hatten, den König nackt zu sehen, wenn ihn die Polizei abholt.

»Er ist krank«, sagten sie. Und sie sagten: »Er ist fertig.« Der Messias, den man gerufen hatte, um die historische Verdammnis der Süditaliener zu durchbrechen, war auch der Rächer der argentinischen Niederlage im Malvinenkrieg gewesen, mit einem gemogelten und einem herrlichen Tor, das die Engländer sich ein paar Jahre wie Brummkreisel drehen ließ; doch als er stürzte, war der »*Pibe de Oro*«, der Goldjunge, nichts weiter als ein mieser, kleiner Betrüger. Maradona hatte die Kinder verraten und den Sport entehrt. Man erklärte ihn für tot.

Doch die Leiche stand mit einem Satz wieder auf. Nachdem er seine Strafe für das Kokain abgesessen hatte, spielte Maradona Feuerwehr in der argentinischen Auswahl, die in der

Ausscheidung für die WM 94 jede Chance nutzen mußte. Dank Maradona schaffte sie die Klassifikation. Und bei der Weltmeisterschaft war Maradona dann wie in den alten Zeiten der Beste von allen, bis der Efedrinskandal kam.

Der Machtmaschine kam es gerade recht. Er tanzte ihr auf der Nase herum, das hat seinen Preis, und der Preis wird bar bezahlt und ohne Rabatt. Und Maradona selbst hatte die Rechtfertigung geliefert, durch seinen selbstmörderischen Hang, sich seinen Feinden auf silbernem Tablett anzubieten, und auch die kindliche Verantwortungslosigkeit, die ihn dazu verleitet, sich in jede Falle zu stürzen, die sich vor ihm auftut.

Dieselben Reporter, die ihn mit dem Mikrofon bedrängen, beschweren sich über seine Arroganz und seine Wutausbrüche, und bezichtigen ihn, zuviel zu reden. Grund dazu hatten sie; doch ist es nicht das, was sie ihm nicht verzeihen: In Wirklichkeit gefällt ihnen nur nicht, was er sagt. Dieser kleine, immer widersprechende Hitzkopf hat die Angewohnheit, Schläge nach oben auszuteilen. 1986 und 1994, in Mexiko und in den Vereinigten Staaten, klagte er öffentlich die allmächtige Diktatur des Fernsehens an, die die Spieler dazu zwang, sich zur Mittagszeit kaputtzumachen und in der glutheißen Sonne braten zu lassen, und seine gesamte holprige Karriere über hat Maradona bei tausendundeiner Gelegenheit Dinge gesagt, die wie Stiche ins Wespennest waren. Er ist zwar nicht der einzige unbotmäßige Spieler gewesen, doch hat seine Stimme den unangenehmsten Fragen internationale Resonanz gegeben. Warum gelten im Fußball nicht die allgemeinen Regeln des Arbeitsrechts? Wenn es normal ist, daß jeder Künstler über die Gewinne Bescheid weiß, die seine Show einbringt, weshalb dürfen dann Fußballer nicht die geheimen Konten der superreichen Fußballmultis einsehen? Havelange schweigt, wohl mit Wichtigerem beschäftigt, und Joseph Blatter, ein Bürokrat der FIFA, der nie in seinem Leben einen Ball getreten hat, sich jedoch von schwarzen Chauffeuren in acht Meter langen Limousinen herumkutschieren läßt, beschränkt sich auf den Kommentar:

»Der letzte argentinische Fußballstar war Di Stefano.«

Als Maradona schließlich aus der WM 94 verbannt wurde, verlor das Spielfeld seinen lautesten Rebellen. Und es verlor auch einen phantastischen Spieler. Maradona ist nicht zu halten, wenn er redet, doch noch viel weniger, wenn er spielt: Niemand vermag die Tricks dieses Erfinders von Überraschungen vorherzusehen, der sich nie wiederholt und seinen Spaß daran hat, die Computer zu verwirren. Er ist kein schneller Spieler, eher ein kleiner, kurzbeiniger Stier, doch führt er den Ball wie an den Fuß geklebt und hat Augen am ganzen Körper. Seine Zauberkünste elektrisieren den Platz. Er kann ein Spiel entscheiden, indem er, mit dem Rücken zum Tor stehend, einen unhaltbaren Schuß losläßt oder einen unmöglichen, weiten Paß schlägt, wenn ihn Tausende gegnerischer Beine umgeben; und es hält ihn keiner, wenn er anfängt, Gegner auszudribbeln.

Im frigiden Fußball am Ende des Jahrhunderts, der das Gewinnen fordert und das Vergnügen verbietet, ist dieser Mann einer der wenigen, die zeigen, daß auch die Phantasie effizient zu sein vermag.

Nicht gehauen und nicht gestochen

Ende 1994 begannen Maradona, Stoichkov, Bebeto, Francescoli, Laudrup, Zamorano, Hugo Sánchez und einige andere Spieler an der Gründung einer internationalen Fußballergewerkschaft zu arbeiten.

Bis heute haben die Hauptdarsteller des Schauspiels in den Machtzentren, da, wo die Entscheidungen getroffen werden, keine Stimme. Weder haben sie das Recht, in den Führungsgremien des lokalen Fußballs mitzureden, noch besteht für sie die Möglichkeit, an der Spitze der FIFA gehört zu werden, dort, wo auf internationaler Ebene der Kuchen aufgeteilt wird.

Die Spieler, was sind sie? Die Zirkusaffen? Und auch wenn sie sich in Seide kleiden, bleiben sie dann Affen, wie das Sprichwort sagt? Sie sind nie gefragt worden, wenn entschieden wurde, wann, wo und wie gespielt wird. Die internationale Bürokratie ändert die Fußballregeln, wie es ihr gerade einfällt, ohne daß die Spieler irgend etwas dabei mitzureden hätten. Und sie erfahren nicht einmal, wieviel Geld ihre Beine einspielen und wo dieses schnelle Vermögen landet.

Nach vielen Jahren von Streiks und Kampagnen der örtlichen Gewerkschaften haben es die Fußballer geschafft, ihre Vertragsbedingungen zu verbessern, doch die Fußballhändler behandeln sie weiterhin, als seien sie Maschinen, die man kaufen oder leihen, verkaufen oder verleihen kann:

»Maradona ist eine Investition«, sagte der Präsident seines Klubs in Neapel.

Heute beschäftigen europäische und auch ein paar lateinamerikanische Vereine Psychologen: Die Funktionäre bezahlen sie nicht, damit sie den armen bedrängten Seelen helfen, sondern damit sie die Maschinen schmieren und ihre Leistung erhöhen. Sportliche Leistung? Arbeitsleistung: Auch wenn in diesem Fall die Arbeitskraft eher mit dem Fuß als mit der Hand geleistet wird, sind es die Profifußballer, die sie den Showfabriken des Fußballs gegen Gehalt verkaufen, und es wird höchste Produktivität dafür gefordert. Der Preis hängt von der Leistung ab; und je mehr gezahlt wird, desto mehr wird auch von ihnen gefordert. Zum Gewinnen so oder so trainiert, um die letzte Kalorie erleichtert, fordert man von ihnen mehr als von einem Rennpferd. Rennpferde? Der englische Spieler Paul Gascoigne vergleicht sich lieber mit einem Masthähnchen:

»Wir Spieler sind wie Masthähnchen bei der Aufzucht: genau kontrollierte Bewegungen, strenge Regeln, festgelegtes Verhalten, das immer exakt gleich wiederholt werden muß.«

Im Tausch dagegen können die Stars des Fußballs während der kurzen Zeit ihres Strahlens hervorragend verdienen. Die Vereine zahlen ihnen heute ein Vielfaches von dem, was vor zwanzig oder dreißig Jahren gezahlt wurde, und die Spieler können ihren Namen und ihr Image an die Werbung verkaufen. Dennoch werden die Künste der Fußballidole nicht mit jenen phantastischen Schätzen belohnt, die man sich gemeinhin vorstellt. Die Zeitschrift »Forbes« veröffentlichte die Liste der vierzig bestverdienenden Stars des internationalen Sports im Jahre 1994. Unter ihnen taucht nur ein einziger Fußballer auf, der Italiener Roberto Baggio, und er nimmt einen der unteren Plätze ein.

Und die Tausenden und Abertausenden von Spielern, die keine Stars sind? Die es nicht schaffen, ins Reich des Ruhms einzudringen und in der Drehtür ihre Kreise ziehen? In Argentinien können von zehn Profispielern nur drei vom Fußball leben. Die Gehälter sind nicht besonders hoch, vor allem, wenn man bedenkt, daß die Berufszeit der Spieler sehr kurz ist: Die menschenfressende Industriezivilisation verschlingt sie im Handumdrehen.

Eine Exportindustrie

Auf der südlichen Halbkugel sieht der Weg des Spielers mit Glück und guten Beinen so aus: Aus seinem Dorf kommt er in die Provinzstadt; aus der Provinzstadt kommt er zu einem kleinen Verein in die Hauptstadt des Landes; in der Hauptstadt bleibt dem kleinen Verein nichts anderes übrig, als ihn an einen großen Verein zu verkaufen; der große Verein, der an seinen Schulden erstickt, verkauft ihn an einen noch größeren Verein in einem größeren Land; und schließlich krönt der Spieler seine Laufbahn in Europa.

In dieser Kette behalten die Vereine, die Agenten und Vermittler den Löwenanteil ein. Und jedes Glied der Kette festigt die Ungleichheit zwischen den Vertragspartnern und verlängert sie, von der Machtlosigkeit der kleinen Stadtteilvereine der armen Länder bis zur Allmacht der Gesellschaften, die in Europa das Geschäft des Fußballs auf höchster Ebene betreiben.

In Uruguay zum Beispiel ist der Fußball eine Exportindustrie, die den heimischen Markt übergeht. Das ständige Ausbluten an Spielern höhlt den Profisport aus und nimmt dem Publikum die Motivation, so kommen immer weniger Zuschauer, und die sind immer weniger engagiert. Die Anhänger schwinden aus den Stadien Uruguays und sehen sich lieber im Fernsehen die internationalen Spiele an. Wenn internationale Turniere nahen, lernen sich unsere Spieler, in alle vier Winde verstreut, erst im Flugzeug kennen, spielen ein Weilchen zusammen und sagen sich »Auf Wiedersehen«, bevor sie Zeit haben, aus der Mannschaft eine richtige Mannschaft zu machen, das heißt: ein einziges Wesen mit elf Köpfen und zweiundzwanzig Beinen.

Als Brasilien seine vierte Weltmeisterschaft gewann, wurde das von den Sportreportern einhellig gefeiert, doch verbargen einige nicht ihre Sehnsucht nach der Herrlichkeit früherer Zeiten. Die Mannschaft um Romario und Bebeto hatte einen effizienten Fußball gespielt, mit Poesie hatte sie jedoch sehr gegeizt: ein Fußball, der viel weniger brasilianisch war als jener wunderschöne Fußball von 1958, 1962 und 1970, als die Auswahl von Garrincha, Didí und Pelé die Krone errangen, indem sie wie in Trance spielte. Mehr als einer sprach von Talentkrise, und mehrere Kommentatoren kritisierten den vom Trainer aufgezwungenen Stil der Mannschaft, der zwar erfolgreich war, doch niemanden verzaubern konnte: Brasilien hatte seine Seele an den modernen Fußball verkauft. Doch sagt

eine Tatsache viel aus, die damals kaum erwähnt wurde: Jene Mannschaften der Vergangenheit bestanden aus elf Brasilianern, die in Brasilien spielten. In der Mannschaft von 1994 spielten acht von elf Spielern in Europa. Romario, der teuerste lateinamerikanische Spieler, bezog in Spanien ein Gehalt, das höher lag als die elf relativ bescheidenen Gehälter, die in Brasilien die Nationalspieler von 1958 erhielten und unter denen einige der größten Künstler in der Geschichte des Fußballs waren.

Die Stars von damals wurden mit einem Verein identifiziert. Pelé spielte bei »Santos«, Garrincha bei »Botafogo« und Didí ebenfalls, abgesehen von einem kurzen Gastspiel im Ausland, und man kann sie sich ohne die Vereinsfarben und das Gelb der Nationalmannschaft nicht vorstellen. So war es in Brasilien und überall, dank der Treue zum Trikot und der feudalistischen Dienstverträge, die noch bis vor kurzem den Spieler auf Lebenszeit an seinen Verein banden. In Frankreich zum Beispiel hatte der Verein Besitzrecht auf den Spieler, bis er vierunddreißig Jahre alt war: Er wurde frei, wenn er am Ende seiner Laufbahn stand. Mit der Forderung nach Freiheit nahmen die französischen Spieler am Mai 68 teil, als die Barrikaden in Paris die Welt in Aufruhr brachten. An ihrer Spitze stand Raymond Kopa.

Wenn das Spiel vorüber ist

Der Ball dreht sich, es dreht sich die Welt. Es wird vermutet, daß die Sonne ein brennender Ball ist, der tagsüber arbeitet und nachts dort oben im Himmel umherhüpft, während der Mond arbeitet, obwohl die Wissenschaft diese Vermutung ernstlich bezweifelt. Dagegen ist hinlänglich und klar bewiesen, daß sich die Erde um den sich drehenden Ball dreht: Das Endspiel der Weltmeisterschaft von 1994 wurde von mehr als zwei Milliarden Menschen gesehen, das größte Publikum, das sich auf dieser Erde je versammelt hat. Meistgeteilte Leidenschaft: Viele Bewunderer des Fußballs spielen mit ihm auf Plätzen und Wiesen, und noch viel mehr sitzen auf der Fernsehtribüne und sehen sich nägelkauend das Schauspiel an, das ihnen zweiundzwanzig Herren in kurzen Hosen bieten, die einem Ball hinterherlaufen und ihm ihre Zuneigung beweisen, indem sie ihn treten.

Als die Weltmeisterschaft von 1994 zu Ende ging, hießen alle Kinder, die in Brasilien auf die Welt kamen, Romario, und der Rasen im Stadion von Los Angeles wurde in Stücken verkauft wie eine Pizza, zu zwanzig Dollar die Portion. Ein

Wahn, der eine bessere Sache verdient hätte? Schlicht und einfach und nicht mehr als ein Geschäft? Eine Trickfabrik, von ihren Besitzern nach Gutdünken gelenkt? Ich gehöre zu denen, die glauben, daß der Fußball all dies sein kann, doch daß er noch viel mehr ist als Fest der Augen, die ihn sehen, und Freude der Körper, die ihn spielen. Ein Journalist fragte die deutsche Theologin Dorothee Sölle:

»Wie würden Sie einem Kind erklären, was ›Glück‹ ist?«

»Ich würde es ihm nicht erklären«, gab sie zurück. »Ich würde ihm einfach einen Ball zuwerfen, damit es spielt.«

Der Profifußball tut sein möglichstes, um diese Glücksenergie zu kastrieren, doch die überlebt trotz alledem und alledem. Und vielleicht ist deswegen der Fußball immer wieder so aufregend und verblüffend. Wie mein Freund Angel Ruocco sagt, ist das das Beste an ihm: seine nicht klein zu kriegende Fähigkeit zu überraschen. So sehr ihn auch die Technokraten bis in die letzte Einzelheit programmieren, so sehr ihn die Mächtigen auch manipulieren, will der Fußball doch weiter die Kunst des Unvorhergesehenen sein. Dort, wo man es am wenigsten erwartet, springt das Unmögliche hervor, der Zwerg erteilt dem Riesen eine Lektion, und der kleine, krummgewachsene Schwarze läßt den im Griechenland der Klassik modellierten Athleten alt aussehen.

Eine erstaunliche Lücke: Die offizielle Geschichtsschreibung nimmt den Fußball nicht zur Kenntnis. Die historischen Texte erwähnen ihn nicht, streifen ihn nicht einmal, in Ländern, wo der Fußball ein wichtiger Ausdruck kollektiver Identität war und ist. Ich spiele, also bin ich: Die Art des Spiels ist eine Form des Seins, die das jeweilige Profil jeder Gemeinschaft verrät und ihr Recht auf Eigenständigkeit bestätigt. Sage mir, wie du spielst, und ich sage dir, wer du bist: Seit vielen Jahren schon wird der Fußball auf unterschiedlichste Weise gespielt, als Ausdruck der unterschiedlichen Persönlichkeit eines jeden Volkes, und die Wiedergewinnung dieser Unterschiedlichkeit scheint mir heute notwendiger denn je zu sein. Wir leben in Zeiten der Zwangsuniformierung, das gilt im Fußball wie in allen anderen Bereichen. Nie ist die Welt ungleicher in den Möglichkeiten gewesen, die sie bietet, und gleichmacherischer in den Bräuchen, die sie aufzwingt: In dieser Welt am Ende des Jahrhunderts stirbt, wer nicht vor Hunger umkommt, an Langeweile.

Schon seit Jahren habe ich mich vom Thema, der Geschichte der Erinnerung und der Wirklichkeit des Fußballs gefordert gefühlt und habe etwas schreiben wollen, das dieser großen heidnischen Messe würdig wäre, die so viele verschiedene Sprachen zu sprechen vermag und so unterschiedliche Leidenschaften wecken kann. Schreibend wollte ich mit den Händen das tun, was ich mit den Füßen nie zu tun vermochte: Als unverbesserlicher Stümper und Schande der Fußballplätze blieb mir nichts anderes übrig, als die Worte, um das zu bitten, was der so heiß begehrte Ball mir immer verwehrte.

Aus dieser Herausforderung und diesem Bedürfnis nach Buße ist dieses Buch entstanden, eine Ehrung des Fußballs, Feier seines Lichtes, Kritik seiner Schatten. Ich weiß nicht, ob es so geworden ist, wie es werden wollte, doch weiß ich, daß es in mir gewachsen ist und nun seine letzte Seite erreicht hat und sich, zur Welt gekommen, Ihnen darbietet. Und ich bleibe zurück, mit jener unweigerlichen Melancholie, die wir alle nach der Liebe spüren, und wenn das Spiel vorüber ist.

Die Quellen

Aguirre, José Fernando, *Ricardo Zamora*, Barcelona, Clíper, 1958.
Alcântara, Eurípedes, »A eficiencia da retranca«, und andere Artikel von Marcos Sá Corrêa, Maurício Cardoso und Roberto Pompeu de Toledo, in der Sonderausgabe des Magazins *Veja*, San Pablo, 18. Juli 1994.
Altafini, José, *I magnifici 50 del calcio mondiale*, Mailand, Sterling & Kupfer, 1985.
Anuario mundial de football profesional, Buenos Aires, Juni 1934, 1. Jahrgang, Nr. 1.
Archetti, Eduardo P., *Estilo y virtudes masculinas en* El Gráfico: *la creación del imaginario del fútbol argentino*, Anthropologische Fakultät der Universität Oslo.
Arcucci, Daniel, »Mágicos templos del fútbol«, *El Gráfico*, Buenos Aires, 20. März 1991.
Arias, Eduardo, u.a., *Colombia gol. De Pedernera a Maturana. Grandes momentos del fútbol*, Bogotá, Cerec, 1991.
Asociación del Fútbol Argentino, *Cien años con el fútbol*, Buenos Aires, Zago, 1993.
Associazione Italiana Arbitri, *75 anni di storia*, Mailand, Vallardi, 1987.
Barba, Alejandro, *Foot Ball, Baseball y Lawn Tennis*, Barcelona, Soler, o.J.
Bartissol, Charles und Christophe, *Les racines du football français*, Paris, Pac, 1983.
Bayer, Osvaldo, *Fútbol argentino*, Buenos Aires, Sudamericana, 1990.
Benedetti, Mario, *Puntero izquierdo*, in der Anthologie verschiedener Autoren *Hinchas y goles. El fútbol como personaje*, Buenos Aires, Desde la gente, 1994.
Blanco, Eduardo, »El negocio del fútbol«, *La Maga*, Buenos Aires, 7. Dezember 1994.
Boix, Jaume, und Arcadio Espada, *El deporte del poder*, Madrid, Temas de Hoy, 1991.
Boli, Basile, *Black Boli*, Paris, Grasset, 1994.
Brie, Christian de, »Il calcio francese sotto i piedi dei mercanti«, in der italienischen Ausgabe des *Le Monde Diplomatique*, herausgegeben von *Il Manifesto*, Rom, Juni 1994.

Bufford, Bill, *Among the thugs. The experience, and the seduction, of crowd violence*, New York, Norton, 1992.

Camus, Albert, aus dem Nachlaß veröffentlicht in der Anthologie *Su Majestad el fútbol* von Eduardo Galeano, Montevideo, Arca, 1968.

— *Le premier homme*, Paris, Gallimard, 1994.

Cappa, Ángel, »Fútbol, un animal de dos patas«, *Disenso*, Nr. 7, Las Palmas de Gran Canaria.

Carías, Marco Virgilio, und Daniel Slutzky, *La guerra inútil. Análisis socio-económico del conflicto entre Honduras y El Salvador*, San José de Costa Rica, EDUCA, 1971.

Cepeda Samudio, Álvaro, »Garrincha«, in *Alrededor del fútbol*, Universität Antioquia, Medellín, 1994.

Cerretti, Franco, *Storia illustrata dei Mondiali di Calcio*, Rom, Anthropos, 1986.

Comisión de asuntos históricos, *La historia de Vélez Sarsfield (1910/1980)*, Buenos Aires, 1980.

Coutinho, Edilberto, *Maracaná, adeus*, Havanna, Casa de las Américas, 1980.

Decaux, Sergio, *Peñarol campeón del mundo*, Sammlung »100 años de fútbol«, Nr. 21, Montevideo, 1970.

Délano, Poli, *Hinchas y goles (Anthologie)*, Buenos Aires, Desde la gente, 1994.

Duarte, Orlando, *Todas las Copas del Mundo*, Madrid, McGraw-Hill, 1993.

Dujovne Ortiz, Alicia, *Maradona sono io. Un viaggio alla scoperta di una identitá*, Neapel, Edizioni Scientifiche Italiene, 1992.

Dunning, Eric, u.a., *The roots of football hooliganism*, London/New York, Routledge and Kegan Paul, 1988.

»Entrevista con cuatro integrantes de la *barra brava* del club Nacional«, *La República*, Montevideo, 1. Dezember 1993.

Escande, Enrique, *Nolo. El fútbol de la cabeza a los pies*, Buenos Aires, Ukumar, 1992.

Faria, Octavio de, u.a., *O ólho na bola*, Rio de Janeiro, Gol, 1968.

Felice, Gianni de, »Il giallo della Fifa«, *Guerin Sportivo*, 25. Januar 1995.

Fernández, José Ramón, *El fútbol mexicano: ¿un juego sucio?*, Mexiko, Grijalbo, 1994.

Fernández Seguí, J.A., *La preparación física del futbolista europeo*, Madrid, Sanz Martínez, 1977.

Ferreira, Carlos, *A mi juego ...*, Buenos Aires, La Campana, 1983.
Galiacho, Juan Luis, *Jesús Gil y Gil, el gran comediante*, Madrid, Temas de Hoy, 1993.
Gallardo, César L., u.a., *Los maestros*, Sammlung »100 años de fútbol«, Nr. 12, Montevideo, 1970.
Garcia-Candau, Julián, *El fútbol sin ley*, Madrid, Penthalon, 1981.
— *Épica y lírica del fútbol*, Madrid, Alianza, 1995.
Geronazzo, Argentino, *Técnica y táctica del fútbol*, Buenos Aires, Lidiun, 1980.
Gispert, Carlos, u.a., *Enciclopedia mundial del fútbol*, 6 Bände, Barcelona, Océano, 1982.
Goethals, Raymond, *Le douzième homme*, Paris, Laffont, 1994.
Guevara, Ernesto, *Mi primer gran viaje*, Buenos Aires, Seix Barral, 1994.
Guitiérres Cortinas, Eduardo, *Los negros en el fútbol uruguayo*, Sammlung »100 años de fútbol«, Nr. 10, Montevideo, 1970.
Havelange, João, Interview mit Simon Barnes in *The Times*, London, 15. Februar 1991.
— Referat gehalten vor der Handelskammer Brasilien-USA in New York am 27. Oktober 1994. Veröffentlicht von *El Gráfico*, Buenos Aires, 8. November 1994.
Hernández Coronado, Pablo, *Las cosas del fútbol*, Madrid, Plenitud, 1955.
Herrera, Helenio, *Yo*, Barcelona, Planeta, 1962.
Hirschmann, Micael, und Kátia Lerner, *Lance de sorte. O futebol e o jogo do bicho na Belle Époque carioca*, Rio de Janeiro, Diadorim, 1993.
Historia de la Copa del Mundo, Serie von Dokumentarvideos und Sonderausgaben, *El Gráfico*, Buenos Aires, 1994.
Historia del fútbol, drei Dokumentarfilme von Transworld International, Madrid, Metrovideo, 1991.
Homenaje al fútbol argentino, verschiedene Autoren, Sonderausgabe von *La Maga*, Buenos Aires, Januar/Februar 1994.
Howe, Don, und Brian Scovell, *Manual de fútbol*, Barcelona, Martínez Roca, 1991.
Hübener, Karl Rudolf, u.a., *¿Nunca más campeón mundial? Seminario sobre fútbol, deportes y política en el Uruguay*, Montevideo, Fesur, 1990.
Huerta, Héctor, *Héroes de consumo popular*, Guadalajara, Ágata, 1992.

Ichah, Robert, *Platini*, Paris, Inéditions, 1994.
Lago, Alessandro dal, *Descrizione di una battaglia. I rituali del calcio*, Bologna, Il Mulino, 1990.
— (mit Roberto Moscati), *Regalateci un sogno. Miti e realtà del tifo calcistico in Italia*, Mailand, Bompiani, 1992.
— (mit Pier Aldo Rovatti), *Per gioco. Piccolo manuale dell'esperienza ludica*, Mailand, Cortina, 1993.
Lazzarini, Marta, und Patricia Luppi, »Reportaje a Roberto Perfumo«, im *Bolétin de temas de psicología social*, Jahrgang 2, Nr. 5, Buenos Aires, September 1991.
Lezioni di Storia, Serie von vier Beilagen zur Tageszeitung *Il Manifesto*, Rom, Juni/Juli 1991.
Lever, Janet, *La locura por el fútbol*, Mexiko, FCE, 1985.
Loedel, Carlos, *Hechos y actores del profesionalismo*, Sammlung »100 años de fútbol«, Nr. 14, Montevideo, 1970.
Lombardo, Ricardo, *Donde se cuentan proezas. Fútbol uruguayo (1920/1930)*, Montevideo, Banda Oriental, 1993.
Lorente, Rafael, *Di Stefano cuenta su vida*, Madrid, 1954.
Lorenzo, Juan Carlos, und Jorge Castelli, *El fútbol en un mundo de cambios*, Buenos Aires, Freeland, 1977.
Lucero, Diego, *La boina fantasma*, Sammlung »100 años de fútbol«, Nr. 20, Montevideo, 1970.
Marelli, Roberto, *Estudiantes de La Plata, campeón intercontinental*, Buenos Aires, Norte, 1978.
Mário, Filho, *O romance do foot-ball*, Rio de Janeiro, Pongetti, 1949.
— *O negro no futebol brasileiro*, Rio de Janeiro, Civilzação Brasileira, 1964.
— *Histórias do Flamengo*, Rio de Janeiro, Record, 1966.
— *O sapo de Arubinha*, San Pablo, Companhia das Letras, 1994.
Martín, Carmelo, *Valdano. Sueños de fútbol*, Madrid, El País/Aguilar, 1994.
Maturana, Francisco, und José Clopatofsky, *Talla mundial*, Bogotá, Intermedio, 1994.
Mercier, Joseph, *Le football*, Paris, Presses Universitaires, 1979.
Meynaud, Jean, *Sport et politique*, Paris, Payot, 1966.
Milá, Mercedes, »La violencia en el fútbol«, im Programm *Queremos saber*, Madrid, TV Antenne 3, Januar 1993.
Minà, Gianni, »Le vie del calcio targate Berlusconi«, *La Repubblica*, Rom, 6. Mai 1988.

- »I padroni del calcio. La Federazione s'é fatta holding«, *La Repubblica*, Rom, 19. Juli 1990.
- (u.a. Mitglieder des Komitees »La classe non è acqua«), *Te Diegum*, Mailand, Leonardo, 1991.

Morales, Franklin, »Historia de Nacional« und »Historia de Peñarol«, Serie von Beilagen zur Tageszeitung *La Mañana*, Montevideo, 1989.
- *Fútbol, mito y realidad*, Sammlung »Nuestra Tierra«, Nr. 22, Montevideo, 1969.
- *Los albores del fútbol uruguayo*, Sammlung »100 años de fútbol«, Nr. 1, Montevideo, 1969.
- *La gloria tan temida*, Sammlung »100 años de fútbol«, Nr. 2, Montevideo, 1969.
- *Enviado especial (I)*, Montevideo, Banco de Boston, 1994.

Morris, Desmond, *The soccer tribe*, London, Jonathan Cape, 1981.
Moura, Roberto, Memoiren von Domingos da Guia und Didí in *Pesquisa de campo*, Staatliche Universität Rio de Janeiro, Juni 1994.
Mura, Gianni, »Il calcio dei boia«, *La Repubblica*, Rom, 29. November 1994.
Nogueira, Armando, u.a., *A Copa que ninguém viu e a que não queremos lembrar*, San Pablo, Companhia das Letras, 1994.
Orwell, George, u.a., *El fútbol*, Buenos Aires, Jorge Álvares, 1967.
Ossa, Carlos, *La historia de Colo-Colo*, Santiago de Chile, Plan, 1971.
Panzeri, Dante, *Fútbol, dinámica de lo impensado*, Buenos Aires, Paidós, 1967.
Papa, Antonio, und Guido Panico, *Storia sociale del calcio in Italia*, Bologna, Il Mulino, 1993.
Pawson, Tony, *The goalscorers, from Bloomer to Keegan*, London, Cassell, 1978.
Pedrosa, Milton, *Gol de letra (Anthologie)*, Rio de Janeiro, Gol, o.J.
Pepe, Osvaldo, u.a., *El libro de los Mundiales*, Buenos Aires, Crea, 1978.
Perdigão, Paulo, *Anatomía de uma derrota*, Porto Alegre, L & PM, 1986.
Peucelle, Carlos, *Fútbol todotiempo e historia de »La Máquina«*, Buenos Aires, Axioma, 1975.
Pippo, Antonio, *Obdulio desde el alma*, Montevideo, Fin de Siglo, 1993.

Platini, Michel, und Patrick Mahé, *Ma vie comme un match*, Paris, Laffont, 1987.
Ponte Preta, Stanislaw, *Bola na rede: a batalha do bi*, Rio de Janeiro, Civilização Brasileira, 1993.
Poveda Márquez, Fabio, *El Pibe. De Pescaíto a la gloria*, Bogotá, Intermedio, 1994.
Puppo, Julio César, »El Hachero«, *Nueve contra once*, Montevideo, Arca, 1976.
— *Crónicas de fútbol*, Montevideo, Enciclopedia Uruguaya, 1969.
Rafael, Eduardo, »Memoria: José Manuel Moreno«, *El Toque*, Buenos Aires, 17. März 1994.
Ramírez, Miguel Ángel, »Los cachirules: La historia detrás de la nota«, *Revista Mexicana de Comunicación*, Nr. 1, Mexiko, September/Oktober 1988.
— »Emilio Maurer contra Televisa, una batalla épica en el fútbol local«, *La Jornada*, Mexiko, 7. bis 12. Dezember 1993.
Reid, Alastair, *Ariel y Calibán*, Bogotá, Tercer Mundo, 1994.
Ribeiro, Péris, *Didí, o gênio da folha seca*, Rio de Janeiro, Imago, 1993.
Rocca, Pablo, *Literatura y fútbol en el Uruguay (1899/1990)*, Montevideo, Arca, 1991.
Rodrigues, Nelson, *A sombra das chuteiras imortais*, San Pablo, Companhia das Letras, 1993.
— *A pátria em chuteiras*, San Pablo, Companhia das Letras, 1994.
— (mit Mário Filho), *Fla-Flu*, Rio de Janeiro, Europa, 1987.
Rodríguez Arias, Miguel, *Diego*, Dokumentarfilm, Buenos Aires, Las Patas de la Mentira, 1994.
Rodríguez, Nelson, *El fútbol como apostolado*, Montevideo, Juventus/Colegio de Escribanos, 1995.
Rowles, James, *El conflicto Honduras-El Salvador (1969)*, San José de Costa Rica, EDUCA, 1980.
Ruocco, Ángel, »Grandes equipos italianos en zozobra«, Beitrag der Agentur Ansa, veröffentlicht im *El País*, Montevideo, 16. Januar 1994.
Ryswick, Jacques de, *100,000 heures de football*, Paris, La Table Ronde, 1962.
Saldanha, João, *Meus amigos*, Rio de Janeiro, Nova Mitavaí, 1987.
— *Futebol e outras histórias*, Rio de Janeiro, Record, 1988.
Salvo, Alfredo di, *Amadeo Carrizo*, Buenos Aires, 1992.

Sanz, Tomás, und Roberto Fontanarrosa, *Pequeño diccionario ilustrado del fútbol argentino*, Buenos Aires, Clarín/Aguilar, 1994.

Sasía, José, *Orsai en el paraíso*, Montevideo, La Pluma, 1992.

Scliar, Salomão (Hg.), u.a., *A história ilustrada do futebol brasileiro*, 4 Bände, San Pablo, Edobras, o.J.

Scopelli, Alejandro, *¡Hola, mister! El fútbol por dentro*, Barcelona, Juventud, 1957.

Scher, Ariel, und Héctor Palomino, *Fútbol: pasión de multitudes y de élites*, Buenos Aires, Cisea, 1988.

Schumacher, Harald, *Der Anpfiff. Enthüllungen über den deutschen Fußball*, München, Knaur, 1987.

Seiherfeld, Alfredo, und Pedro Servín Fabio, *Álbum fotográfico del fútbol paraguayo*, Asunción, Editorial Histórica, 1986.

Shakespeare, William, *The comedy of errors*, London, Methuen, 1907.

— *King Lear*, London, Samuel French, 1967.

Shaw, Duncan, *Fútbol y franquismo*, Madrid, Alianza, 1987.

Silva, Thomaz Soares de, *Zizinho. O mestre Ziza*, Rio de Janeiro, Maracaná, 1985.

Simson, Vyv, und Andrew Jennings, *Dishonored games. Corruption, money, and greed at the Olympics*, New York, Shapolsky, 1992.

Smorto, Giuseppe, »Nazione corrotta, calcio infetto«, *La Repubblica*, Rom, 26. März 1993.

Sobrequés, Jaume, *Historia del Fútbol Club Barcelona*, Barcelona, Labor, 1994.

Soriano, Osvaldo, *Cuentos de los años felices*, Buenos Aires, Sudamericana, 1994.

Souza, Roberto Pereira de, *O poderoso chefão*, in der brasilianischen Ausgabe des *Playboy*, Mai 1994.

Stárostin, Andréi, *Por esas canchas de fútbol*, Moskau, Lenguas Extranjeras, 1959.

Suburú, Nilo J., *Al fútbol se juega así. Catorce verdades universales*, Montevideo, Tauro, 1968.

— *Primer diccionario del fútbol*, Montevideo, Tauro, 1968.

Teissie, Justin, *Le football*, Paris, Vigot, 1969.

Termes, Josep, u.a., *Onze del Barça*, Barcelona, Columna, 1994.

Thibert, Jacques, *La fabuleuse histoire du football*, Paris, Odil, 1974.

Traverso, Jorge, *Primera línea*, Montevideo, Banco de Boston, 1992.

Uriarte, María Teresa, u.a., *El juego de pelota en Mesoamérica. Raíces y supervivencia*, Mexiko, Siglo XXI, 1992.

Valdano, Jorge, »Las ocurrencias de Havelange«, *El País*, Madrid, 28. Mai 1990.
Verdú, Vicente, *El fútbol. Mitos, ritos y símbolos*, Madrid, Alianza, 1980.
Vinnai, Gerhard, *El fútbol como ideología*, Mexiko, Siglo XXI, 1974.
Volpicelli, Luigi, *Industrialismo y deporte*, Buenos Aires, Paidós, 1967.
Wolstenholme, Kenneth, *Profesionales del fútbol*, Barcelona, Molino, 1969.
Zito Lema, Vicente, *Conversaciones con Enrique Pichon-Rivière*, Buenos Aires, Cinco, 1991.

Inhalt

Geständnis des Autors 9
Der Fußball 10
Der Spieler 11
Der Torwart 13
Der Star 14
Der Fußballfan 16
Der Fußballrowdy 18
Das Tor 19
Der Schiedsrichter 20
Der technische Direktor 22
Das Theater 24
Die Spezialisten 26
Die Sprache der Fußballprofessoren 27
Der getanzte Krieg 28
Die Sprache des Krieges 29
Das Stadion 31
Der Ball 32
Die Ursprünge 34
Die Spielregeln 38
Die englischen Invasionen 41
Fußball auf südamerikanisch 43
Die Geschichte von Fla und Flu 46
Opium fürs Volk? 47
Der Ball als Fahne 49
Die Schwarzen 54
Zamora 55
Samitier 57
Tod auf dem Fußballplatz 58
Friedenreich 59
Von der Beschneidung zur Vielfalt 60
Die zweite Entdeckung Amerikas 62
Andrade 65
Die Schleifen 66

Das olympische Tor   67
Tor durch Piendibene   68
La chilena – Der Fußballrückzieher   69
Scarone   70
Tor durch Scarone   71
Dunkle Mächte   72
Tor durch Nolo   73
Die Weltmeisterschaft von 1930   74
Nasazzi   77
Camus   78
Die Unerbittlichen   79
Der Profifußball   80
Die Weltmeisterschaft von 1934   81
Gott und der Teufel in Rio de Janeiro   83
Der Ursprung allen Unglücks   85
Talismane und Glücksbringer   87
Erico   89
Die Weltmeisterschaft von 1938   90
Tor durch Meazza   93
Leônidas   94
Domingos   95
Domingos und sie   96
Tor durch Atilio   97
Der perfekte Kuß will einzig sein   98
Die Maschine   99
Moreno   100
Pedernera   102
Tor durch Severino   103
Raketen und Kanonenschläge   104
Der Mann, der Eisen in Wind verwandelte   105
Sozialtherapie   106
Tor durch Martino   108
Tor durch Heleno   109
Die Weltmeisterschaft von 1950   110
Obdulio   113
Barbosa   115
Tor durch Zarra   116

Tor durch Zizinho 117
Die Spaßmacher 118
Die Weltmeisterschaft von 1954 119
Tor durch Rahn 121
Wandelnde Werbung 122
Tor durch Di Stefano 125
Di Stefano 126
Tor durch Garrincha 127
Die Weltmeisterschaft von 1958 128
Tor durch Nílton 131
Garrincha 132
Didí 134
Didí und die Lederkugel 135
Kopa 136
Carrizo 137
Trikotfieber 138
Tor durch Puskas 143
Tor durch Sanfilippo 144
Die Weltmeisterschaft von 1962 146
Tor durch Charlton 149
Jaschin 150
Tor durch Gento 151
Seeler 152
Matthews 153
Die Weltmeisterschaft von 1966 154
Greaves 157
Tor durch Beckenbauer 158
Eusebio 159
Der Fluch der drei Balken 160
Die Jahre von Peñarol 162
Tor durch Rocha 163
Ach, mein liebes, armes Mütterlein 164
Die Tränen kommen nicht aus dem Taschentuch 165
Tor durch Pelé 167
Pelé 168
Die Weltmeisterschaft von 1970 169
Tor durch Jairzinho 171

Das Fest 172
Die Generäle und der Fußball 174
Augenzwinkern 175
Tor durch Maradona 176
Die Weltmeisterschaft von 1974 177
Cruyff 180
Müller 182
Havelange 183
Die Ballbesitzer 185
Jesús 190
Die Weltmeisterschaft von 1978 192
Die Glückseligkeit 195
Tor durch Gemmill 197
Tor durch Bettega 198
Tor durch Sunderland 199
Die Weltmeisterschaft von 1982 200
Begnadete Körper 203
Platini 205
Heidnische Menschenopfer 206
Die Weltmeisterschaft von 1986 210
Die Telekratie 213
Freudlos am Fließband 216
Laufende Apotheken 218
Verachtungsgesänge 219
Alles erlaubt 221
Verdauungsstörungen 225
Die Weltmeisterschaft von 1990 226
Tor durch Rincón 228
Hugo Sánchez 229
Die Grille und die Ameise 231
Gullit 232
Der Vatermord 234
Tor durch Zico 235
Ein Sport der Flucht 236
Die Weltmeisterschaft von 1994 240
Romario 243
Baggio 244

Zahlenspielereien 245
Die Pflicht, zu verlieren 247
Die Sünde, zu verlieren 249
Maradona 251
Nicht gehauen und nicht gestochen 257
Eine Exportindustrie 259
Wenn das Spiel vorüber ist 262
Die Quellen 265

Zauber gegen die Kälte
Literatur aus Lateinamerika

Fernando del Paso
Nachrichten aus dem Imperium
Historischer Roman
880 Seiten, gebunden

Ernesto Cardenal
Gesänge des Universums
Cántico Cósmico
508 Seiten, zwei broschierte Bände im Schuber

Gioconda Belli
Waslala
Roman
444 Seiten, gebunden

Gioconda Belli
Zauber gegen die Kälte
Erotische Gedichte
94 Seiten, broschiert

Gioconda Belli
Wenn du mich lieben willst
Gesammelte Gedichte
180 Seiten, broschiert

PETER HAMMER VERLAG
Föhrenstr. 33-35 · 42283 Wuppertal

Erinnerungen an das Feuer

Eduardo Galeano
im Peter Hammer Verlag

Die offenen Adern Lateinamerikas
Die Geschichte eines Kontinents
von der Entdeckung bis zur Gegenwart
400 Seiten, broschiert

Erinnerungen an das Feuer
Ein Geschichtswerk in drei Bänden
Bd. 1: *Geburten*
Bd. 2: *Gesichter und Masken*
Bd. 3: *Das Jahrhundert des Sturms*
zus. ca. 1100 Seiten, broschiert, im Schuber

Das Buch der Umarmungen
Reflexionen, Geschichten, Aphorismen
272 Seiten, gebunden

PETER HAMMER VERLAG
Föhrenstr. 33-35 · 42283 Wuppertal